AF648010

Jason Fung

SCHLANKFORMEL KOCHBUCH

Über 90 einfache Rezepte, um den Insulinspiegel zu senken, Gewicht zu verlieren und die Gesundheit zu verbessern

Jason Fung

SCHLANKFORMEL KOCHBUCH

Über 90 einfache Rezepte, um den Insulinspiegel zu senken, Gewicht zu verlieren und die Gesundheit zu verbessern

riva

Bibliografische Information der Deutschen Nationalbibliothek
Die Deutsche Nationalbibliothek verzeichnet diese Publikation in der Deutschen Nationalbibliografie. Detaillierte bibliografische Daten sind im Internet über https://dnb.de abrufbar.

Für Fragen und Anregungen
info@m-vg.de

Wichtige Hinweise
Dieses Buch ist für Lernzwecke gedacht. Es stellt keinen Ersatz für eine individuelle medizinische Beratung dar und sollte auch nicht als solcher benutzt werden. Wenn Sie medizinischen Rat einholen wollen, konsultieren Sie bitte einen qualifizierten Arzt. Der Verlag und der Autor haften für keine nachteiligen Auswirkungen, die in einem direkten oder indirekten Zusammenhang mit den Informationen stehen, die in diesem Buch enthalten sind.

Ausschließlich zum Zweck der besseren Lesbarkeit wurde auf eine genderspezifische Schreibweise sowie eine Mehrfachbezeichnung verzichtet. Alle personenbezogenen Bezeichnungen sind somit geschlechtsneutral zu verstehen.

2. Auflage 2025

Türkenstraße 89
80799 München
Tel.: 089 651285-0

Übersetzung: Dr. Kimiko Leibnitz
Redaktion: Silke Panten
Umschlaggestaltung: Georg Feigl
Umschlagabbildungen und Abbildungen im Innenteil: Gabriel Cabrera
Layout: Nayeli Jimenez
Satz: inpunkt[w]o, Haiger (www.inpunktwo.de)
Druck: Livonia Print, Riga, Lettland
Printed in the EU

ISBN Print 978-3-7423-1087-3
ISBN E-Book (PDF) 978-3-7453-0718-4
ISBN E-Book (EPUB, Mobi) 978-3-7453-0719-1

Dieses Buch ist meiner Familie gewidmet, die mich auf meinem Lebensweg stets unterstützt und mir Mut gemacht hat. Es ist ein wahrer Segen, sie an meiner Seite zu wissen. Meinen Eltern Wing und Mui Hun Fung, Michael und Margaret Chan, ihr habt mir so viel beigebracht. Meiner wundervollen Frau Mina, die mir alles bedeutet. Meinen Kindern Jonathan und Matthew, die mir so viel Freude bereiten.

Inhaltsverzeichnis

Einleitung

DIE FETTLEIBIGKEITSEPIDEMIE

Ich wuchs Anfang der 1970er-Jahre in Toronto, Kanada, auf. Wenn man mir damals erzählt hätte, dass sich in nur wenigen Jahrzehnten Fettleibigkeit zu einem stetig wachsenden, unaufhaltsamen globalen Phänomen entwickeln würde, hätte ich das nicht geglaubt. In jener Zeit war die Angst verbreitet, dass der Nahrungsbedarf der Weltbevölkerung schon bald nicht mehr gedeckt sein könnte und eine weltweite Hungersnot bevorstünde. Man nahm an, dass durch die Spiegelung des Sonnenlichts an Staubpartikeln in der Luft eine globale Erdabkühlung und damit eine neue Eiszeit einsetzen würden.

Beinahe 50 Jahre später sehen wir uns nun genau den entgegengesetzten Problemen ausgesetzt. Eine globale Abkühlung ist schon lange kein ernst zu nehmendes Problem mehr; vielmehr werden in den Nachrichten die Erderwärmung und das Schmelzen der Eiskappen an Nord- und Südpol thematisiert. Und anstelle einer weltweiten Hungersnot greift eine Fettleibigkeitsepidemie um sich, die es in dieser Form noch nie in der Geschichte der Menschheit gegeben hat.

Es gibt zwei Aspekte, die diese Fettleibigkeitsepidemie zu einem rätselhaften Phänomen machen.

Erstens stellt sich die Frage: Wodurch wurde sie verursacht? Die Tatsache, dass sie sich weltweit ausgebreitet hat und relativ neu ist, spricht gegen genetische Ursachen. Sport als Freizeitbeschäftigung war in den 1970er-Jahren weitgehend unbekannt. Die meisten Menschen sahen damals keinen Anlass, körperlich aktiv zu werden, um etwas für ihre Fitness zu tun. Fitnessstudios, Lauftreffs und Trainingszentren kamen erst in den 1980er-Jahren auf.

Zweitens kann nach wie vor niemand genau sagen, warum wir so machtlos sind und diese Epidemie nicht aufhalten können. Schließlich will niemand übergewichtig sein. Seit über 40 Jahren raten Ärzte zu einer fettarmen, kalorienreduzierten Kost, um schlank zu bleiben. Trotzdem hat sich die Fettleibigkeitsepidemie rasant beschleunigt. Zwischen 1985 und 2011 hat sich in Kanada die Anzahl fettleibiger Personen von 6 auf 18 Prozent verdreifacht. In Deutschland stieg die Fettleibigkeitsrate in den vergangenen Jahren ebenfalls rasant an und hat sich von 12 Prozent im Jahr 2000 auf 23,6 Prozent im Jahr 2015 nahezu verdoppelt. Alle verfügbaren Belege zeigen, dass die Menschen verzweifelt versuchten, sich weniger Kalorien und Fett zuzuführen und mehr Sport zu treiben. Sie nahmen aber nicht ab. Die einzige logische Erklärung ist, dass wir das Problem falsch verstanden haben. Ein zu hoher Fett- und Kalorienkonsum war überhaupt nicht das Problem, und deshalb konnte eine Verringerung der Fett- und Kalorienzufuhr das Problem auch nicht lösen. Was verursachte also eine Gewichtszunahme?

In den 1990er-Jahren schloss ich mein Medizinstudium an der University of Toronto und der University of California, Los Angeles, ab und wurde Nephrologe. Ich gestehe, dass ich damals kein Interesse an der Behandlung von Fettleibigkeit hatte. Nicht während meines Studiums, nicht während meines Praxisjahrs, nicht während meiner Facharztausbildung und auch nicht als fertig ausgebildeter Facharzt. Aber es ging nicht nur mir so. Dasselbe galt für nahezu jeden Arzt, der damals in Nordamerika studiert hatte. Im Medizinstudium lernten wir so gut wie gar nichts über Ernährung und noch weniger über die Behandlung von Fettleibigkeit. Wir verbrachten zahllose Stunden mit Vorlesungen, in denen es darum ging, seinen Patienten die richtigen Medikamente und Operationen zu verordnen. Ich kannte mich in der Anwendung Hunderter Medikamente aus. Ich wusste, wie man Dialysen durchführt. Ich wusste alles über operative Eingriffe und Indikationen. Aber ich hatte keine Ahnung, wie man Menschen beim Abnehmen half – obwohl sich die Fettleibigkeitsepidemie bereits ausbreitete und Typ-2-Diabetes mit all seinen gesundheitlichen Konsequenzen nach sich zog. Für uns Ärzte war die Ernährung einfach nicht wichtig. Dafür gab es Ernährungsberater und Diätassistenten.

Aber Ernährung – und ein gesundes Körpergewicht – sind wichtige gesundheitliche Aspekte. Es geht nicht nur darum, am Strand im Bikini eine gute Figur zu machen. Das Übergewicht, das die Menschen jetzt mit sich trugen, war mehr als nur ein ästhetisches Problem – es war maßgeblich für die Entwicklung von Typ-2-Diabetes und das metabolische Syndrom verantwortlich, das das Risiko von Herzinfarkten, Schlaganfällen, Krebs, Nierenversagen, Erblindung, Amputationen, Nervenschäden und noch viel mehr drastisch erhöhte. Fettleibigkeit war kein medizinisches Randthema mehr. Ich erkannte allmählich, dass Fettleibigkeit im Mittelpunkt der meisten Krankheiten stand, mit denen ich es als Arzt zu tun hatte – und zu meiner großen Schande wusste ich so gut wie gar nichts darüber.

Als Nephrologe wusste ich nur, dass Typ-2-Diabetes die häufigste Ursache für Nierenversagen war. Und ich behandelte Patienten mit Diabetes genauso, wie ich es im Studium gelernt hatte: mit der einzigen Methode, die ich damals kannte, nämlich mit Medikamenten wie Insulin und mit Verfahren wie Dialyse.

Ich wusste erfahrungsgemäß, dass die Verabreichung von Insulin eine Gewichtszunahme zur Folge hatte. Das war kein Geheimnis. Patienten äußerten ihre berechtigten Bedenken. »Herr Doktor«, bekam ich oft zu hören, »Sie sagen doch immer, dass ich abnehmen soll. Aber das Insulin, das Sie mir verschreiben, macht mich dick. Wie soll mir das helfen?« Ich hatte lange Zeit keine gute Antwort auf diese Frage; ich wusste nämlich ganz genau, dass diese Methode nicht hilfreich war.

Es gelang mir einfach nicht, meine Patienten zu heilen. Ich begleitete sie nur und sah zu, wie sie gesundheitlich abbauten. Sie schafften es nicht abzunehmen. Ihr Diabetes schritt voran. Ihre Nierenerkrankung verschlimmerte sich. Die Medikamente, Operationen und Behandlungsmethoden halfen nicht. Aber warum eigentlich?

Die Wurzel allen Übels war ihr Körpergewicht. Ihre Fettleibigkeit verursachte das metabolische Syndrom und Typ-2-Diabetes, was dann eine Lawine gesundheitlicher Probleme ins Rollen brachte. Trotzdem konzentrierte sich die gesamte moderne Medizin mit ihren Arzneibüchern, Nanotechnologien und genetischen Eingriffen kurzsichtig auf die Symptome, nicht aber auf das eigentliche Problem.

Abbildung 1: Die medizinische Standardbehandlung

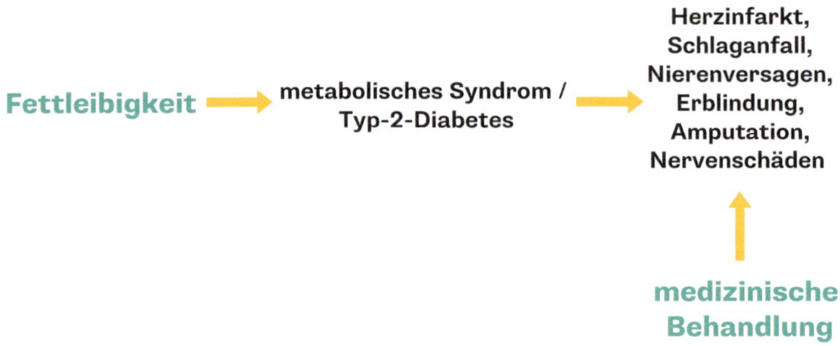

Niemand behandelte die Ursache. Selbst wenn wir bei Niereninsuffizienz Dialysen verordneten, litten die Patienten trotzdem weiter an Fettleibigkeit, Typ-2-Diabetes und allen damit verbundenen Komplikationen. *Wir mussten die Fettleibigkeit behandeln.* Doch stattdessen versuchten wir, *die durch Fettleibigkeit verursachten Probleme* zu beheben. Das war der medizinische Ansatz, den ich und praktisch jeder andere Arzt, der in Nordamerika ausgebildet worden war, in diesem Kontext verfolgte. Der Haken war nur, dass er nicht half.

Wenn ein Typ-2-Diabetiker abnimmt, kann er seine Krankheit rückgängig machen. Die Behandlung der Ursache von Typ-2-Diabetes war daher die einzige logische Lösung, um diese Krankheit wirksam zu behandeln. Wenn ein Auto ständig Öl verliert, bringt es nicht viel, immer mehr Öl und Lappen zu kaufen, um das ausgelaufene Öl wegzuwischen. Die Lösung ist vielmehr, das Leck zu finden und zu beheben. Als Ärzte begingen wir den großen Fehler, das Leck zu ignorieren und uns damit zu begnügen, das ausgelaufene Öl wegzuwischen.

Wenn wir gleich am Anfang die Fettleibigkeit behandeln könnten (siehe Abbildung 1), würden sich Typ-2-Diabetes und das metabolische Syndrom erst gar nicht entwickeln können. Ohne Diabetes entsteht kein diabetesbedingter Nierenschaden. Ohne Diabetes entsteht auch kein diabetesbedingter Nervenschaden. Rückblickend erscheint das mehr als naheliegend.

Ich hatte den Denkfehler erkannt. Das Problem war nur, dass ich nicht wusste, welchen Kurs ich einschlagen sollte; ich wusste nicht, wie ich Fettleibigkeit behandeln konnte. Obwohl ich bereits seit über zehn Jahren als Arzt tätig war, stellte ich fest, dass ich nicht viel über Ernährung wusste. Auf diese Einsicht folgte eine zehnjährige Odyssee, die mich schließlich zur

Entwicklung eines Abnehmprogramms namens *Intensive Dietary Management* (IDM, siehe www.IDMprogram.com) und der Gründung der Toronto Metabolic Clinic (www.torontometabolicclinic.com) veranlasste.

Abbildung 2: Eine effektivere medizinische Behandlung

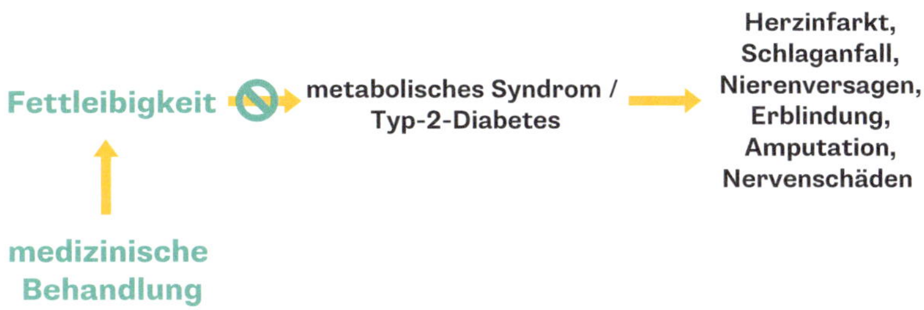

Ich dachte sehr eingehend über die Behandlung von Fettleibigkeit nach und erkannte, dass eine zentrale Frage im Vordergrund stand: Was bewirkt eine Gewichtszunahme? Oder anders ausgedrückt: Was ist die Ursache für eine Gewichtszunahme und Fettleibigkeit? Wir denken nie über diese Frage nach, weil wir die Antwort bereits zu kennen glauben. Wir denken, dass eine positive Kalorienbilanz – also mehr Kalorien zu sich zu nehmen, als man verbraucht – der Grund für Fettleibigkeit ist. In diesem Fall wäre die Lösung ganz einfach: Wer abnehmen will, muss einfach seine Kalorienzufuhr senken.

Aber das haben wir schon getan. Exzessiv. In den letzten 40 Jahren wurde immer nur ein Abnehmtipp erteilt, und der bestand darin, seine Kalorienzufuhr zu drosseln und mehr Sport zu treiben. Das ist die höchst wirkungslose Strategie »Weniger essen, mehr bewegen«. Auf jeder Nahrungsmittelpackung sind Kalorienangaben abgedruckt. Es gibt Bücher mit Kalorientabellen. Wir haben Apps, die uns das Kalorienzählen abnehmen. Auf vielen Laufbändern, Ergometern etc. zeigt das Display an, wie viele Kalorien man in einer Trainingseinheit verbrannt hat. Wir haben alles Menschenmögliche unternommen, um Kalorien zu zählen und zu reduzieren. Hat das funktioniert? Sind die überflüssigen Pfunde geschmolzen wie Butter in der Sonne? Nein. Der Ansatz klingt schlüssig und *sollte* eigentlich funktionieren. Aber die empirischen Belege sind eindeutig und beweisen, dass er nicht funktioniert.

Wenn man sie genauer in Augenschein nimmt, fällt die gesamte Kalorientheorie wie ein Kartenhaus in sich zusammen. Der Körper reagiert nicht auf »Kalorien«. Es gibt keine Kalorienrezeptoren auf der Oberfläche der Zellen. Der Körper kann nicht wissen, wie viele Kalorien zugeführt oder nicht zugeführt werden. Wenn der Körper keine Kalorien zählen kann, warum sollten Sie es dann tun? Eine Kalorie ist einfach eine aus der Physik übernommene Einheit für Energie. Auf ihrer verzweifelten Suche nach einer einfachen Maßeinheit für Nahrungsenergie ignorierte die gesamte Adipositasmedizin die menschliche Physiologie und wandte sich stattdessen der Physik zu.

»Eine Kalorie ist eine Kalorie« wurde bald das Motto, das sich jeder auf die Fahnen schrieb. Es führte auch zum Aufkommen einer Frage: Machen alle Kalorien aus Nahrungsenergie gleichermaßen dick? Die Antwort darauf ist ein klares *Nein*. 100 Kalorien in Form eines Blattsalats machen nicht dick, 100 Kalorien in Form von Süßigkeiten aber schon. 100 Kalorien in Form von Bohnen machen nicht dick, 100 Kalorien in Form eines Marmeladenbrots aber schon. Doch in den letzten 40 Jahren haben wir alle Kalorien über einen Kamm geschert.

Deswegen schrieb ich *Die Schlankformel*. Dieses Buch ist die Quintessenz dessen, was ich im Laufe von zehn Jahren gelernt hatte, in denen ich Tausenden von Patienten mit meinem IDM-Programm beim Abnehmen half. Die Ernährung ist der Schlüssel zur Regulierung des Stoffwechsels; hier werden Molekülen aus der Nahrung aufgespalten, was dem Körper die Energie (Kalorien) verleiht, um Gewebe zu bilden, zu erhalten und zu erneuern, damit er effizient arbeiten kann. Um die entscheidende Frage – warum nimmt man eigentlich zu? – zu beantworten, fing ich ganz von vorne an, zerlegte das Kalorienmodell in seine Einzelteile und zeigte auf, was wirklich los war: Fettleibigkeit ist ein hormonelles, kein kalorisches Ungleichgewicht. Was wir essen und wann wir essen, sind zwei Faktoren, die maßgeblichen Einfluss darauf nehmen, ob wir zu- oder abnehmen.

Insulin

In unserem Körper wird nichts dem Zufall überlassen. Jeder physiologische Vorgang ist ein ausgeklügeltes Zusammenspiel hormoneller Signale. Hormone steuern beispielsweise, ob unser Herz schneller oder langsamer schlägt. Ob wir viel oder wenig Wasser lassen. Oder ob zugeführte Kalorien als Energie verbrannt oder in Form von Körperfett gespeichert werden. Auf das Problem der Fettleibigkeit bezogen, geht es also nicht darum, wie viele Kalorien wir aufnehmen, sondern wie wir sie verbrennen. Und *Insulin* ist das Hormon, das in diesem Zusammenhang die wichtigste Rolle spielt.

Insulin ist ein Hormon, das für die Fettspeicherung verantwortlich ist. Daran ist nichts falsch – das ist einfach sein Auftrag. Wenn wir essen, steigt die Insulinproduktion, die dem Körper signalisiert, einen Teil der zugeführten Nahrungsenergie als Körperfett zu speichern. Wenn wir nichts essen, sinkt die Insulinproduktion, und das signalisiert dem Körper, die gespeicherte Energie (Körperfett) zu verbrennen. Ein Insulinspiegel, der höher als üblich ist, sagt dem Körper, dass er mehr Nahrungsenergie als Körperfett speichern soll.

Der gesamte menschliche Stoffwechsel, auch das Körpergewicht, hängt von hormonellen Signalen ab. Eine so wichtige physiologische Variable wie der Körperfettanteil wird keinen unsicheren Faktoren wie der täglichen Kalorienzufuhr und Bewegung überlassen. Wenn unsere steinzeitlichen Vorfahren zu dick waren, fiel ihnen das Laufen und Jagen schwer, und damit stieg die Gefahr, einem Raubtier zum Opfer zu fallen. Waren sie allerdings zu abgemagert, konnten sie keine Dürreperioden oder Hungersnöte überleben. Der Körperfettanteil spielt für das Überleben der Menschheit eine zentrale Rolle.

Deshalb haben wir Hormone, die unseren Körperfettanteil genau und straff regulieren. Wir können unser Körpergewicht genauso wenig kontrollieren wie den Puls oder die Körpertemperatur. Diese unsere Vitalwerte werden automatisch reguliert, und genauso verhält es sich mit dem Gewicht. Hormone sagen uns, dass wir hungrig sind (Ghrelin). Hormone sagen uns auch, dass wir satt sind (Peptid-YY, Cholecystokinin). Hormone erhöhen unseren Energieverbrauch (Adrenalin). Hormone senken unseren Energieverbrauch (Schilddrüsenhormon). *Fettleibigkeit ist eine hormonelle Fehlregulation der Fettakkumulation.* Wir werden dick, weil wir unserem Körper das hormonelle Signal geben, Körperfett zu speichern. Das wichtigste hormonelle Signal ist Insulin, dessen Spiegel abhängig von unserer Ernährung steigt.

Abbildung 3: Die Gewichtszu- oder -abnahme hängt vom Hormon Insulin ab

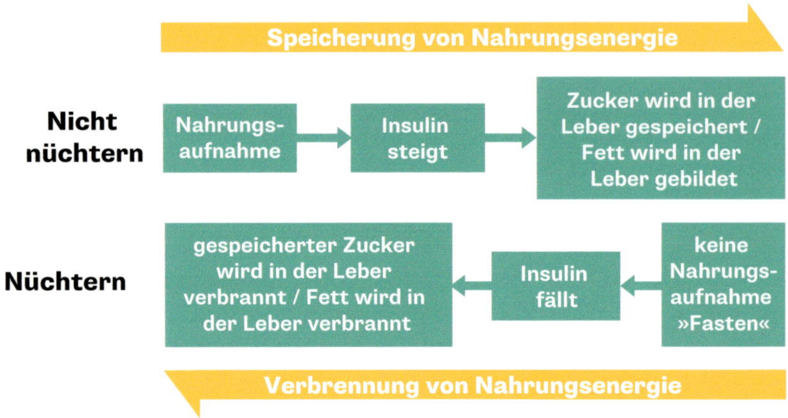

Im Vergleich zu normalgewichtigen Menschen ist der Insulinspiegel fettleibiger Personen um beinahe 20 Prozent erhöht, und dieser erhöhte Wert korreliert stark mit anderen wichtigen Markern wie dem Taillenumfang und dem Taille-Hüft-Verhältnis. Heißt das, dass ein hoher Insulinspiegel Fettleibigkeit *verursacht*?

Die Hypothese »Insulin verursacht Fettleibigkeit« lässt sich leicht überprüfen: Nimmt eine randomisierte Gruppe von Testpersonen zu, wenn man ihr Insulin verabreicht? Die kurze Antwort ist ein deutliches *Ja*. Patienten, die regelmäßig Insulin einnehmen, und Ärzte, die es verordnen, kennen bereits die schreckliche Wahrheit: Je mehr Insulin man einer Person verabreicht, umso fettleibiger wird sie. Zahlreiche Studien haben diese Tatsache belegt. Insulin bewirkt eine Gewichtszunahme.

Eine richtungsweisende Diabetes-Kontroll- und Komplikationsstudie verglich 1993 eine Standarddosis Insulin mit einer hohen Dosis, die den Blutzucker von Patienten mit Typ-1-Diabetes straff regeln sollte. Mit hohen Insulingaben lässt sich der Blutzucker besser kontrollieren, aber was geschah mit dem Gewicht der Probanden? Testpersonen in der Gruppe mit der hohen Dosis nahmen im Durchschnitt 4,5 Kilogramm mehr zu als die Testpersonen, denen die Standarddosis verabreicht wurde. Über 30 Prozent der Patienten verzeichneten eine »hohe« Gewichtszunahme. Vor der Studie hatten beide Gruppen mehr oder weniger dasselbe Gewicht und waren leicht fettleibig. Der einzige Unterschied zwischen den Gruppen bestand in der Menge des verabreichten Insulins. Mehr Insulin bewirkte eine höhere Gewichtszunahme.

Insulin verursacht Fettleibigkeit. Wenn der Insulinspiegel steigt, steigt der sogenannte Setpoint oder Sollwert des Körpergewichts. Der Hypothalamus im Gehirn sendet dem Körper hormonelle Signale, dass er zunehmen soll. Wir werden hungrig und essen. Wenn wir unsere Kalorienzufuhr als Reaktion auf dieses Signal bewusst einschränken, sinkt unser gesamter Energieverbrauch. Das Ergebnis ist dasselbe: eine Gewichtszunahme.

Sobald wir verstehen, dass Fettleibigkeit ein hormonelles Ungleichgewicht ist, können wir anfangen, sie zu behandeln. Weil zu viel Insulin zu Fettleibigkeit führt, muss die Behandlung darin bestehen, *den Insulinspiegel zu senken*. Die Frage ist nicht, wie wir unsere Kalorienbilanz im Lot halten, sondern wie wir das Insulin kontrollieren, unser wichtigstes Fettspeicherhormon. Der Insulinspiegel steigt unter zwei Bedingungen:

1. wenn wir mehr Dinge essen, die eine Insulinausschüttung anregen (Menge), oder
2. wenn wir öfter Dinge essen, die eine Insulinausschüttung anregen (Häufigkeit).

Ziele

Die Schlankformel erklärt, welche biochemischen Prozesse eine Gewichtszunahme herbeiführen und wie man dieses Wissen anwendet, um abzunehmen. Es beschreibt die Theorie hinter den zahlreichen Erfolgen, die das IDM-Programm im Laufe der Zeit erzielt hat. Mit dem vorliegenden Kochbuch verfolge ich nun das Ziel, die Prinzipien des IDM-Programms mithilfe einfacher, schmackhafter Rezepte und Mahlzeitenpläne noch leichter in den Alltag zu integrieren.

Der Schlüssel für eine nachhaltige Gewichtskontrolle ist die Kontrolle des Hormons, das hauptsächlich dafür verantwortlich ist: Insulin. Es gibt kein Medikament, mit dem sich die Ausschüttung von Insulin steuern lässt. Wenn wir es kontrollieren wollen, müssen wir unsere Ernährung umstellen. Diese Umstellung hängt von zwei einfachen Faktoren ab: wie hoch der Insulinspiegel nach dem Essen ist und wie lange dieser erhöhte Spiegel bestehen bleibt.

1. *Was* wir essen, bestimmt, wie hoch das Insulin steigt.
2. *Wann* wir essen, bestimmt, wie lange das Insulin erhöht bleibt.

Die meisten Ernährungsformen beschäftigen sich nur mit dem ersten Punkt und scheitern daher langfristig. Es ist nicht möglich, nur die Hälfte des Problems anzusprechen und einen vollständigen Erfolg zu erzielen. Deshalb ist das hier vorgestellte Ernährungskonzept keine kalorienreduzierte Diät. Es ist auch keine Low-Carb-Diät. Es ist auch keine Diät, bei der man hauptsächlich Fleisch und andere tierische Produkte isst. Es ist eine Ernährungsform, die darauf ausgelegt ist, den Insulinspiegel zu senken, weil Insulin der physiologische Auslöser für die Speicherung von Körperfett ist. Wenn Sie Ihren Fettspeicher verkleinern wollen, müssen Sie Ihren Insulinspiegel senken, und das geht sogar mit einer kohlenhydratreichen Kost.

Die Geschichte lehrt uns, dass das durchaus möglich ist. Viele Kulturen ernähren sich kohlenhydratreich, ohne an Fettleibigkeit zu leiden. In den 1970er-Jahren, also vor der Fettleibigkeitsepidemie, aßen die Iren leidenschaftlich gerne ihre Kartoffeln. Die Asiaten liebten ihren geschälten Reis. Die Franzosen verspeisten ihr Baguette. Selbst in den USA, wo man zu Disco-Musik das Tanzbein schwang und sich im Kino *Krieg der Sterne* oder *Der weiße Hai* ansah, aß man Weißbrot mit Marmelade. Oder Eiskrem. Oder Kekse. Damals aß man noch *keine* Vollkornnudeln. Oder Quinoa. Oder Grünkohl. Man zählte *keine* Kohlenhydrate. Man trieb noch nicht einmal viel Sport. Man machte damals alles »falsch«, und doch gab es praktisch keine Fettleibigkeit. Warum? Die Antwort ist einfach: Damals aß man nicht ständig.

Die beste Methode der Gewichtskontrolle ist die Kombination aus einer Ernährung, die einen möglichst geringen Anstieg des Insulinspiegels verursacht, und dem richtigen Timing der Mahlzeiten. Wenn Sie Ihrem Körper erlauben, ein wenig Zeit im »nüchternen« Zustand zu verbringen, werden Sie die Energie verbrennen, die Sie während der Nahrungsaufnahme gespeichert haben. Das hier vorliegende Kochbuch zeigt Ihnen, wie das geht: Alle Rezepte helfen Ihnen dabei, den Insulinspiegel im Griff zu behalten, wenn Sie essen, und im Anhang steht, wie Sie Essen und Fasten aufeinander abstimmen.

WAS MAN ESSEN SOLL

Alle Ernährungsstudien, die im Laufe der Jahrzehnte durchgeführt wurden, brachten zwei wichtige Erkenntnisse hervor. Erstens: Alle Diäten funktionieren. Zweitens: Alle Diäten scheitern. Was ich damit meine? Das Abnehmen folgt demselben Kurvenverlauf: Ob es die Mittelmeerdiät, die Atkins-Methode oder selbst die altbekannte »FDH«-Methode ist – jede Diät führt kurzfristig zu einem Gewichtsverlust. Aber nach sechs bis zwölf Monaten beginnt man, zu stagnieren und wieder zuzunehmen, obwohl man sich strikt an die Vorgaben hält. Im Diabetes-Präventionsprogramm, das über zehn Jahre lief, wurde zum Beispiel nach einem Jahr ein Gewichtsverlust von 7 Kilogramm erzielt. Dann folgten das gefürchtete Plateau und eine erneute Gewichtszunahme. Am Ende der Studie konnte zwischen den Diät haltenden Testpersonen und der Kontrollgruppe kein Gewichtsunterschied festgestellt werden.

Deswegen kann man durchaus sagen, dass alle Diäten scheitern. Die Frage ist nur: Warum scheitern sie? Ein nachhaltiger Gewichtsverlust ist ein zweistufiger Prozess, der auf ein kurzfristiges und ein langfristiges Problem eingehen muss. Der Hypothalamus im Gehirn bestimmt den Sollwert des Gewichts – den Fett-Thermostat. (Darauf geht *Die Schlankformel* ausführlich ein.) Insulin hebt den Sollwert für das Körpergewicht an. Kurzfristig können wir verschiedene Diätmethoden anwenden, um unser Körpergewicht zu senken. Aber wenn es unter den Sollwert fällt, aktiviert der Körper Mechanismen, um das mühsam abgenommene Gewicht wieder zuzunehmen – und das ist das langfristige Problem.

Es ist wichtig zu erkennen, dass Fettleibigkeit ein multifaktorielles Problem ist. Es gibt nicht nur eine einzige Ursache für Fettleibigkeit. Verursachen Kalorien Fettleibigkeit? Ja, teilweise. Verursachen Kohlenhydrate Fettleibigkeit? Ja, teilweise. Schützen uns Ballaststoffe vor Fettleibigkeit? Ja, teilweise. Verursacht Insulinresistenz Fettleibigkeit? Ja, teilweise. Verursacht Zucker Fettleibigkeit? Ja, teilweise. Alle diese äußeren Einflüsse bewirken, dass der Körper hormonelle Signale sendet, von denen Insulin das wichtigste Signal ist, das zu einer Gewichtszunahme führt. Low-Carb-Diäten senken den Insulinspiegel. Kalorienreduzierte Diäten schränken alle Nahrungsmittel ein und senken dadurch den Insulinspiegel. Paläo-Kost und kohlenhydratarme Ernährungsformen mit gesunden Fetten (LCHF), die weitgehend auf verarbeitete und raffinierte Lebensmittel verzichten, senken ebenfalls den Insulinspiegel. Die Kohlsuppendiät verringert die Insulinausschüttung. Ernährungsformen, bei denen Essen keine Belohnungsfunktion hat, senken den Insulinspiegel.

Allzu oft denken wir, dass es nur eine einzige wahre Ursache für Fettleibigkeit gibt, und dass alle anderen nebensächlich sind. Aber es spielen viele Faktoren eine Rolle, die den Insulinspiegel erhöhen und zu Fettleibigkeit führen. Folglich gibt es auch mehr als nur einen Weg, um den Insulinspiegel zu senken. Für einige Patienten sind Zucker oder raffinierte Kohlenhydrate das Hauptproblem. Für sie kann eine kohlenhydratarme Ernährung der vielleicht beste Weg sein. Bei anderen Patienten könnte das Hauptproblem eine Insulinresistenz sein. Sie könnten ihre Mahlzeiten zeitlich anders abstimmen oder intermittierend fasten. Wieder andere Patienten haben einen zu hohen Cortisolspiegel (der auf Dauer zur Insulinresistenz führt); für sie bieten sich Techniken zum Stressabbau und bessere Schlafgewohnheiten an. Für wieder andere bietet sich eine Erhöhung der Ballaststoffzufuhr an. Aber der rote Faden, der sich durch alle Fälle zieht, ist der gestörte Hormonhaushalt in Form eines zu hohen Insulinspiegels.

Fettleibigkeit ist eine hormonelle Störung der Fettregulation. Insulin ist in diesem Zusammenhang das wichtigste Hormon, das eine Gewichtszunahme begünstigt; deshalb ist es die logische Therapie, den Insulinspiegel zu senken. Die meisten Diäten behandeln nur einen Teil des Problems, aber wir müssen uns nicht auf eine Seite festlegen. Statt nur einen Punkt in der Fettleibigkeitskaskade zu behandeln, können wir mehrere Ziele in Angriff nehmen und verschiedene Behandlungsformen anwenden. Statt zwei Ernährungsstrategien miteinander zu vergleichen, zum Beispiel eine kalorienarme und eine kohlenhydratreduzierte Kost, sollten wir beide Methoden vereinen. Es spricht absolut nichts dagegen. Hier ist ein klar umrissener, verständlicher Ansatz, wie das in der Praxis aussehen könnte.

Schritt 1: Senken Sie Ihren Zuckerkonsum

Zucker regt die Insulinausschüttung an, aber er ist noch viel hinterhältiger. Zucker macht besonders dick, weil er die Insulinproduktion nicht nur unmittelbar, sondern auch langfristig erhöht. Er besteht zu gleichen Teilen aus Glucose und Fructose, und Fructose trägt zur Insulinresistenz der Leber bei. Mit der Zeit führt diese Insulinresistenz zu einem erhöhten Insulinspiegel. Kohlenhydrate wie Brot, Kartoffeln und Reis enthalten überwiegend Glucose und keine Fructose.

Deshalb sind Zuckerarten wie Saccharose und Glucosesirup wesentlich problematischer als andere Lebensmittel. Zucker macht so dick, weil er auf direktem Weg eine Insulinresistenz erzeugt. Weil Zucker aus ernährungsphysiologischer Sicht keinerlei positive Eigenschaften besitzt, sollte er zu den ersten Dingen gehören, die vom Speiseplan gestrichen werden.

Viele natürliche, unverarbeitete Lebensmittel sind zuckerhaltig. Obst enthält zum Beispiel Fructose und Milch enthält Lactose. Aber natürlicher Zucker und zugesetzter Zucker unterscheiden sich in zwei wesentlichen Aspekten voneinander: der Menge und der Konzentration. Naturbelassene Nahrungsmittel enthalten, von Honig abgesehen, eine begrenzte Menge an Zucker. Ein Apfel kann zum Beispiel süß sein, aber er besteht nicht zu 100 Prozent aus Zucker. Manche verarbeiteten Lebensmittel, die zugesetzten Zucker enthalten, Bonbons etwa, bestehen praktisch zu 100 Prozent aus Zucker.

Zucker wird Nahrungsmitteln oft bei der Verarbeitung oder beim Kochen zugesetzt, wodurch Abnehmwillige in mehrere potenzielle Fallen geraten können. Erstens kann Speisen oder Getränken beliebig viel Zucker zugesetzt werden. Zweitens kann er in verarbeiteten Lebensmitteln in deutlicher höherer Konzentration vorkommen als in natürlichen Speisen. Drittens kann er auch pur zugeführt werden, was dazu führen kann, dass man zu viele Süßigkeiten isst, die keine sättigenden Nährstoffe enthalten. Sie enthalten oft keine Ballaststoffe, die die schädliche Wirkung von Zucker verringern. Man kann relativ leicht den in fünf Äpfeln enthaltenen Zucker essen (10 Gramm pro 100 Gramm Apfel), aber es ist nicht so einfach, fünf Äpfel auf einmal zu essen. Natürliche Lebensmittel aktivieren ein natürliches Sättigungsgefühl, das einen übermäßigen Konsum verhindert, während verarbeitete, mit zusätzlichem Zucker versetzte Lebensmittel das nicht zu tun vermögen.

Lesen Sie die Nährwertangaben der Lebensmittel, die Sie kaufen. Obwohl Zucker in verarbeiteten und raffinierten Lebensmitteln allgegenwärtig ist, wird er nicht immer als solcher ausgezeichnet. Andere Namen sind Saccharose, Glucose, Fructose, Maltose, Dextrose, Melasse, hydrolisierte Stärke, Honig, Invertzucker, Zuckerrohr, Glucose-Fructose, Maissirup, brauner Zucker, Maissüße, Reis-/Mais-/Zuckerrohr-/Ahorn-/Malz-/Zuckerrüben-/Palmsirup und Agavennektar oder Agavendicksaft.

Diese Pseudonyme versuchen das Vorliegen großer Zuckermengen zu verschleiern. Ein beliebter Trick ist es, mehrere dieser Pseudonyme in der Zutatenliste aufzuführen, damit »Zucker« nicht als erste Zutat auf der Liste steht.

Was sollten Sie also tun, wenn Sie etwas Süßes essen wollen? Die besten Desserts sind frische saisonale Früchte, vorzugsweise aus lokalem Anbau. Eine Schale Beeren oder Kirschen mit Schlagsahne runden jede Mahlzeit ab.

Alternativ bildet ein kleiner Teller mit Nüssen und Käse ebenfalls einen gelungenen Abschluss für eine Mahlzeit, und das ganz ohne Zucker. Die meisten Nüsse enthalten gesunde, einfach ungesättigte Fettsäuren, haben wenig bis gar keine Kohlenhydrate, dafür aber viele Ballaststoffe, die ihren potenziellen gesundheitlichen Nutzen erhöhen. Viele Studien belegen den Zusammenhang zwischen einem höheren Konsum an Nüssen und besserer Gesundheit, unter anderem ein geringeres Risiko von Herzinsuffizienz und Diabetes. Aber wie bei jeder Nahrung ist ein maßvoller Genuss der Schlüssel zur Gesundheit.

Dunkle Schokolade mit einem Kakaoanteil von über 70 Prozent ist, in Maßen genossen, erstaunlich gesund. Schokolade wird aus Kakaobohnen hergestellt, die von Natur aus keinen Zucker enthalten. (Milchschokolade besteht in der Regel jedoch aus viel Zucker und sollte daher vermieden werden.) Dunkle und zartbittere Schokolade enthält weniger Zucker als Milchschokolade oder weiße Schokolade. Außerdem enthält sie eine beträchtliche Menge an Ballaststoffen und Antioxidantien wie Polyphenole und Flavonoide. Studien deuten an, dass der Konsum dunkler Schokolade dabei helfen kann, den Blutdruck, die Insulinresistenz und das Risiko eines Herzinfarkts zu senken.

Zucker, ganz gleich ob er natürlich in Nahrungsmitteln vorkommt oder nicht, darf man sich gelegentlich durchaus gönnen. Das entscheidende Wörtchen ist: gelegentlich. Er sollte also nicht täglich gegessen werden. Und es bringt auch nichts, Zucker durch künstliche Süßstoffe zu ersetzen, weil auch sie einen Insulinanstieg bewirken und daher genauso zur Fettleibigkeit führen.

Treffen Sie bei jeder Mahlzeit kluge Entscheidungen und lassen Sie Zwischenmahlzeiten völlig weg. Und hüten Sie sich vor jeder Form von Frühstücksflocken. Sie enthalten oft sehr viel Zucker, gemischt mit einer gehörigen Portion stark verarbeiteter Kohlenhydrate. Frühstücksflocken, vor allem Sorten, die auf Kinder als Zielgruppe abzielen, sind die schlimmsten Übeltäter. Eine einfache Regel, an die man sich halten sollte, ist: Essen Sie keine zuckerhaltigen Frühstücksflocken, »Frühstückskekse« und »Müsliriegel«, die aus Cerealien hergestellt werden. Wenn Sie nicht davon lassen können, sollten Sie Cerealien essen, die weniger als 1 Teelöffel (4 Gramm) Zucker pro Portion enthalten. Naturjoghurts und griechischer Joghurt sind nahrhaft. Fruchtjoghurts hingegen enthalten oft viel Zucker, pro Becher manchmal bis zu 8 Teelöffel (31 Gramm). Greifen Sie lieber auf gesunde Alternativen wie Haferflocken oder Eier zurück.

Haferflocken

Haferflocken waren schon immer ein gesundes Frühstücksgericht. Kernige und zarte Haferflocken sind eine gute Wahl, obwohl man sie lange kochen muss, um die große Menge an Ballaststoffen aufzuspalten, die in ihnen enthalten sind. Vermeiden Sie stark verarbeitete und raffinierte Instantflocken. Sie sind oft mit künstlichen Aromen versetzt und enthalten viel Zucker.

Eier

Eier sind überaus vielseitig einsetzbare und gesunde Naturprodukte. Früher glaubte man, sie würden den Cholesterinspiegel ansteigen lassen, aber das Eiweiß ist proteinreich, und das Eigelb enthält viele Vitamine und Mineralien, unter anderem Cholin und Selen. Eier enthalten außerdem Lutein und Zeaxanthin – Antioxidantien, die bei Augenkrankheiten wie Makuladegeneration und grauem Star helfen können. Das Cholesterin in den Eiern kann die Cholesterinpartikel im Blut in größere, weniger schädliche Partikel verwandeln. Tatsächlich haben es große epidemiologische Studien nicht geschafft, einen erhöhten Eierkonsum mit einem gehäuften Auftreten von Herzerkrankungen in Verbindung zu bringen. Essen Sie Eier, weil sie lecker, naturbelassen und unverarbeitet sind.

Wenn Sie morgens keinen Hunger haben, ist es völlig in Ordnung, wenn Sie Ihr Fasten mit einem gesunden Mittagessen brechen. Aber es ist auch nichts gegen ein Frühstück einzuwenden. Wichtig ist nur, dass Sie zu allen Mahlzeiten vollwertige, unverarbeitete Nahrungsmittel essen und Snacks weglassen. Und wenn Sie keine Zeit zum Frühstücken haben? Dann essen Sie eben nichts, aber greifen Sie deshalb nicht zu einem zuckerhaltigen Getränk.

Bei den meisten Menschen sind gerade solche Getränke für den hohen Zuckerkonsum verantwortlich. Damit meine ich Limonaden, Eistees, Säfte, Fruchtnektare, Eiskaffees und Energydrinks. Heiße Getränke wie Kakao, Moccacino, Kaffee und Tee können auch sehr zuckerhaltig sein, vor allem wenn Sie sie nicht selbst zubereiten.

Was ist mit Alkohol? Alkohol entsteht durch die Fermentierung von Zucker und Stärke aus verschiedenen Quellen. Hefe ernährt sich von Zucker und wandelt diesen in Alkohol um. Ein moderater Konsum von Rotwein lässt weder den Insulinspiegel ansteigen, noch beeinträchtigt er die Insulinsensitivität, weshalb er in Maßen genossen werden kann. Bis zu zwei

Gläser täglich (175 Milliliter pro Glas) werden nicht mit einer hohen Gewichtszunahme assoziiert und können die Insulinsensitivität verbessern. Aber Mischgetränke wie Alkopops, aromatisierte Weinschorlen, Cidre, Bier, Liköre und Cocktails enthalten oft viel Sirup und andere aromatisierte Süßungsmittel und können den Zuckeranteil in der Nahrung enorm erhöhen.

Was sollte man also trinken? Am besten trinkt man stilles oder kohlensäurehaltiges Wasser – wenn Sie möchten, mit einer Scheibe Zitrone, Limette oder Orange garniert. Sogenanntes Infused Water – bei dem man Früchte (Erdbeeren), Kräuter (Minze) oder Gemüsescheiben (Gurke) ins Wasser gibt und über Nacht ziehen lässt – ist ebenfalls eine hervorragende Art, seinem Wasser etwas Geschmack zu verleihen. Wenn Sie einen Trinkwassersprudler verwenden, können Sie für nur wenige Cents pro Glas Ihr eigenes aromatisiertes Mineralwasser herstellen. Es gibt aber noch andere Getränke, die ebenfalls gut schmecken und keinen Insulinanstieg bewirken (siehe unten).

Kaffee

Aufgrund seines hohen Koffeingehalts wird Kaffee manchmal als ungesund betrachtet. Aktuelle Studien sind jedoch zu anderen Schlussfolgerungen gekommen, vielleicht weil Kaffee viele gesunde Substanzen wie Antioxidantien, Magnesium, Lignane und Chlorogensäure enthält. Selbst entkoffeinierter Kaffee scheint vor Typ-2-Diabetes zu schützen. In einer Studie aus dem Jahr 2009 senkte jede täglich getrunkene Tasse Kaffee das Diabetesrisiko um 7 Prozent – der Effekt hielt sogar an, als die Probanden bis zu sechs Tassen pro Tag tranken (wodurch das Risiko um 42 Prozent sank). Kaffee kann vor Alzheimer und Parkinson schützen, wie auch vor Leberzirrhose und Leberkrebs. Während diese Korrelationsstudien einen Zusammenhang erahnen lassen, kann man sie nicht als verbindlichen Beweis betrachten. Sie deuten aber darauf hin, dass Kaffee vielleicht nicht ganz so schädlich ist, wie wir immer angenommen haben. (Aber auch hier gilt: Lassen Sie den Zucker weg!)

Tee

Nach Wasser ist Tee das beliebteste Getränk der Welt. Schwarzer Tee macht fast 75 Prozent des weltweiten Teekonsums aus. Die geernteten Blätter werden vollständig fermentiert, was dem Tee seine charakteristische schwarze Farbe verleiht. Schwarzer Tee hat einen höheren Koffeingehalt als andere Teesorten. Oolong-Tee ist halb fermentiert, das heißt, dass der Fermentationsprozess schneller beendet wird. Grüner Tee ist nicht fermentiert; vielmehr werden die frisch geernteten Blätter sofort gedämpft, um die Fermentierung zu stoppen. Dadurch erhält der grüne Tee seinen wesentlich feineren, leicht bitteren Geschmack. Grüner Tee enthält von Natur aus deutlich weniger Koffein als Kaffee, was dieses Getränk für all jene ideal macht, die den anregenden Effekt von Koffein nicht vertragen.

Die im grünen Tee enthaltenen Polyphenole können den Stoffwechsel anregen und dadurch die Fettverbrennung ankurbeln. Außerdem wurde das Trinken von grünem Tee mit einer höheren Fettoxidierung im Sport in Verbindung gebracht, einem höheren Energieverbrauch im Ruhezustand und einem geringeren Risiko für verschiedene Formen von Krebs. Grüner Tee ist besonders reich an Katechinen, von denen man annimmt, dass sie vor Stoffwechselerkrankungen schützen. Das Aufkochen von grünem Tee zerstört einige seiner gesunden Katechine, weshalb es sich anbietet, Teekristalle zu benutzen (ich mag die Kristalle von Pique Tea, die ein kaltes Kristallisierungsverfahren anwenden, um den Katechingehalt zu erhöhen).

Kräutertees bestehen aus Kräutern, Gewürzen und anderen Pflanzenstoffen, die in heißem Wasser aufgebrüht werden. Weil sie keine Teeblätter enthalten, darf man sie genau genommen gar nicht als Tees bezeichnen. Trotzdem ergeben sie hervorragende Getränke ohne zusätzlichen Zucker.

Fleischbrühe

In praktisch jeder Kultur gibt es nahrhafte und leckere Knochenbrühen – klare Suppen, die stundenlang mit Gemüse, Kräutern und Gewürzen gekocht werden. Die lange Kochdauer (4 bis 48 Stunden) löst einen Großteil der Mineralien, Gelatine und Nährstoffe aus den Knochen. Die Zugabe von etwas Essig trägt zusätzlich dazu dabei, die Mineralien aus den Knochen herauszulösen. Knochenbrühe ist reich an Aminosäuren wie Prolin, Arginin und Glycin, ebenso an Mineralien wie Kalzium, Magnesium und Phosphor.

Schritt 2: Essen Sie weniger raffiniertes Getreide

Raffiniertes Getreide wie Weißmehl regt die Insulinausschüttung viel stärker an als jedes andere Nahrungsmittel. Wer weniger Mehl und raffiniertes Getreide konsumiert, verbessert seine Chancen erheblich, erfolgreich abzunehmen. Weißmehl, das aus ernährungsphysiologischer Sicht nutzlos ist, kann ohne gesundheitliche Nachteile vom Speiseplan gestrichen werden. Sogenanntem angereicherten Weißmehl wurden während der Verarbeitung alle Nährstoffe entzogen und anschließend wieder zugefügt, um beim Verbraucher den Eindruck zu erzeugen, es sei gesund.

Vollkornmehl und -produkte sind im Vergleich zu Weißmehl zwar geringfügig besser, weil sie vitamin- und ballaststoffreicher sind und so vor allzu hohen Insulinspitzen schützen. Aber Vollkornmehl wird deswegen trotzdem in einer modernen Mühle hergestellt, in der Stahlwalzen zum Einsatz kommen. Mehl, das in einer traditionellen Steinmühle gemahlen wird, ist besser – kaufen Sie das, wenn Sie es im Supermarkt finden. Die ultrafeinen Partikel, die in modernen Mahlverfahren erzeugt werden, gewährleisten – selbst bei Vollkornmehl – eine schnelle Aufnahme in den Verdauungstrakt, die den Insulineffekt erhöht.

Kohlenhydrate sollten in ihrer naturbelassenen, unverarbeiteten Form verzehrt werden. In vielen Ländern, deren kulinarische Traditionen hauptsächlich auf Kohlenhydrate beruhen, gibt es deutlich weniger ernährungsbedingte Krankheiten oder Fettleibigkeit. Bedenken Sie Folgendes: Die Schädlichkeit eines Großteils der westlichen Kost ist auf die Verarbeitung der Nahrung und weniger auf die Nahrung selbst zurückzuführen. Die Kohlenhydrate in der westlichen Ernährung werden hauptsächlich in Form von stark verarbeitetem Getreide verzehrt und machen deshalb so dick. Viele unverarbeitete, unraffinierte Gemüsesorten, selbst Wurzelgemüse, sind gesunde kohlenhydrathaltige Nahrungsmittel, die eine relativ schwache Insulinausschüttung bewirken. Als Alternativen zu raffiniertem Getreide bieten sich auch einige Samen und Hülsenfrüchte an.

Quinoa

Quinoa ist botanisch betrachtet kein Getreide, sondern der Samen eines Fuchsschwanzgewächses, wird aber oft anstelle von Getreide verwendet und als »Mutter allen Getreides« bezeichnet. Sie wurde ursprünglich von den Inka in Südamerika angebaut, ist mittlerweile aber weltweit in drei Varianten erhältlich: als rote, weiße und schwarze Quinoa. Quinoa ist sehr ballaststoff-, protein- und vitaminreich. Außerdem hat sie einen niedrigen glykämischen Wert (das heißt, sie regt keine hohe Insulinausschüttung an) und enthält viele Antioxidantien wie Quercetin und Kaempferol, denen entzündungshemmende Eigenschaften nachgesagt werden.

Chiasamen

Diese alte Samenart stammt aus Mittel- und Südamerika und wurde bereits von den Azteken und Mayas gegessen. Ihr Name ist aus dem alten Maya-Wort für »Kraft« abgeleitet. Chiasamen sind – ungeachtet ihrer Farbe – reich an Ballaststoffen, Vitaminen, Mineralien, Omega-3-Fettsäuren, Proteinen und Antioxidantien.

Bohnen

Getrocknete Bohnen und Erbsen sind vielseitige, ballaststoffreiche Kohlenhydrate, die in vielen traditionellen Gerichten vorkommen und eine hochwertige Proteinquelle sind. Es gibt sie in vielen Farben, Geschmacksnuancen und Texturen, beispielsweise grüne Linsen, schwarze Bohnen oder rote Kidneybohnen bis hin zu dunkelbraunen Kichererbsen. Bohnen aus der Dose schmecken auch hervorragend, spülen Sie sie vor dem Kochen aber gut ab.

Schritt 3: Mäßigen Sie Ihren Proteinkonsum

Im Gegensatz zu raffiniertem Getreide können und dürfen Proteinquellen wie Fleisch, Geflügel, Eier, Milchprodukte, Nüsse, Kerne und Hülsenfrüchte in Ihrem Speiseplan enthalten bleiben. Eine übermäßig proteinreiche Kost, die aus Unmengen von Eiern, sehr magerem Fleisch oder verarbeiteten Proteinen wie Shakes und anderen Nahrungsergänzungen besteht, ist allerdings nicht ratsam. Ihr Proteinkonsum sollte nur 20 bis 30 Prozent Ihres gesamten Tagesbedarfs ausmachen und aus möglichst vielen verschiedenen Quellen stammen. Extrem proteinreiche Ernährungsweisen können den Insulinspiegel zwar senken, sind aber oft sehr kostspielig und geschmacklich eintönig.

Schritt 4: Essen Sie mehr natürliche Fette

Von den drei Makronährstoffen (Kohlenhydrate, Proteine und Fette) bewirkt Nahrungsfett die geringste Insulinausschüttung. Nahrungsfett an sich macht also nicht dick, sondern hat potenziell eine schützende Funktion. Und es dient als Geschmacksträger, das heißt, Ihre Mahlzeiten schmecken dadurch besser. Ihr Ziel sollte es sein, mehr natürliche unverarbeitete Fette zu konsumieren, beispielsweise Olivenöl, Butter, Kokosöl, Rindertalg und Schmalz. Vermeiden Sie stark verarbeitete Pflanzenöle wie Nuss- und

Saatöle, die reich an Omega-6-Fettsäuren sind, weil sie Entzündungen begünstigen und eine gesundheitsschädliche Wirkung haben können. Verwenden Sie stattdessen die folgenden schmackhaften Fette.

Olivenöl

Die Mittelmeerdiät, die eine anerkannte, gesunde Ernährungsweise ist, ist reich an Ölsäure, den ungesättigten Fetten, die in Olivenöl enthalten sind. Es gibt verschiedene Methoden, Olivenöl zu extrahieren, und diese Unterschiede spiegeln sich in ihren Bezeichnungen wider. Zur Ölgewinnung werden reife Oliven zu einer Paste verarbeitet und kalt gepresst. Natives Olivenöl extra wird ausschließlich durch mechanische Pressverfahren gewonnen und ist mit Abstand die empfehlenswerteste Sorte. Andere Formen von Olivenöl sollten vermieden werden, weil sie chemische Verfahren und/oder große Hitze nutzen, um das Öl zu extrahieren und seinen schlechten Geschmack zu neutralisieren. Bezeichnungen wie »reines Olivenöl« sind oft beschönigende Namen für diese raffinierten Öle. Olivenöl enthält viele entzündungshemmenden Antioxidantien wie Polyphenole und Oleocanthale. Man sagt Olivenöl aber nicht nur entzündungshemmende Eigenschaften nach, es senkt außerdem den Cholesterinspiegel, den Blutdruck und verringert das Risiko von Blutgerinnseln. Zusammengenommen können diese Eigenschaften das Risiko kardiovaskulärer Erkrankungen wie Herzinfarkte und Schlaganfälle deutlich senken.

Nüsse

Nüsse waren früher wegen ihres hohen Fettgehalts verpönt, werden jetzt aber aufgrund ihres beachtlichen gesundheitlichen Nutzens geschätzt; sie sind zudem ein fester Bestandteil der Mittelmeerdiät. Sie enthalten nicht nur gesunde Fette, sondern sind von Natur aus ballaststoffreich und kohlenhydratarm. Man kann sie roh oder geröstet essen; vermeiden Sie aber zuckerhaltige Produkte wie karamellisierte Nüsse. Insbesondere Walnüsse sind reich an Omega-3-Fettsäuren, die für die Herzgesundheit vorteilhaft sein können. Zuckerfreie Nussmilch ist zudem eine schmackhafte Alternative für alle jene, die unter Laktoseunverträglichkeit leiden.

Vollmilchprodukte

Milch, Schlagsahne, Joghurt und Käse schmecken gut und können bedenkenlos genossen werden, weil sie nicht dick machen. Eine Studie über 29 randomisierte Kontrollversuche zeigte, dass ihr Konsum weder zu einer Gewichtszunahme noch zu einer Gewichtsabnahme führte. Vollmilch wird mit einem um 62 Prozent geringeren Risiko für Typ-2-Diabetes in Verbindung gebracht. Sie können, wenn Sie möchten, auch Vollmilchprodukte aus Rohmilch oder ökologischer Landwirtschaft verwenden. Jede Art von Milch, auch Schafs- und Ziegenmilch, ist gesund.

Avocados

Diese Frucht wurde in letzter Zeit als sehr gesunde und schmackhafte Ergänzung eines jeden Speiseplans gewürdigt. Avocados enthalten viele Vitamine, sehr viel Kalium, und zeichnen sich dadurch aus, dass sie zwar wenige Kohlenhydrate enthalten, dafür aber reich an dem einfach ungesättigten Fett Ölsäure sind. Außerdem enthalten sie sehr viele lösliche und unlösliche Ballaststoffe.

Schritt 5: Konsumieren Sie mehr Ballaststoffe und Essig

Ballaststoffe können die Insulin stimulierenden Wirkungen von Kohlenhydraten verringern und dadurch einen zuverlässigen Schutz vor Fettleibigkeit darstellen. Mit einer herkömmlichen nordamerikanischen Ernährungsweise schafft man es in der Regel nicht, den empfohlenen Tagesbedarf zu decken, weil Ballaststoffe oft in der industriellen Verarbeitung entzogen werden. Naturbelassene Nahrungsmittel wie Obst, Beeren, Gemüse, Vollkorngetreide, Leinsamen, Chiasamen, Bohnen, Nüsse, Hafer und Kürbiskerne enthalten dagegen eine ausreichende Menge an Ballaststoffen.

Essig

Viele traditionelle Gerichte werden mit Essig gewürzt – den es in großer Vielfalt gibt und der dabei helfen kann, Insulinspitzen zu senken, wenn man ihn beim Verzehr kohlenhydratreicher Nahrungsmittel zu sich nimmt. Der Essig im Sushireis senkt den glykämischen Wert des geschälten Reises um 20 bis 40 Prozent. In ähnlicher Weise werden Fish and Chips oft mit Malzessig gewürzt, und auch Brot wird oft in Öl und Essig getaucht. Wasser mit einem Schuss Apfelessig ist ein sehr erfrischendes Getränk. Hüten Sie sich jedoch vor zuckerhaltigem Essig.

Das sollten Sie essen, wenn Sie abnehmen wollen:

1. weniger Zucker
2. weniger raffiniertes Getreide
3. eine moderate Menge Protein
4. mehr natürliche Fette
5. mehr Ballaststoffe und Essig

WANN MAN ESSEN SOLLTE

Die Ernährungsweise (also das, was man essen sollte) behandelt die erste Hälfte des Problems, aber Abnehmen ist ein langwieriger Prozess. Es sind *zwei* Faktoren, die bewirken, dass unser Insulinspiegel erhöht bleibt. Der erste Faktor ist wie gesagt die Nahrung, die wir uns zuführen: was wir essen und wie viel davon eine dick machende Wirkung hat. Durch die Nahrungsaufnahme steigt das Insulin, und unser Körper erhält den hormonellen Befehl, Körperfett zu speichern. Aber der gesamte Effekt des Insulins auf den Körper wird nicht nur dadurch bestimmt, wie hoch der Insulinspiegel steigt. Er hängt auch in starkem Maße davon ab, wie lange der Insulinspiegel erhöht bleibt. Deswegen ist es so wichtig, Phasen einzubauen, in denen der Insulinspiegel sinken darf. Fasten behebt einen Teil der hormonellen Probleme, die zu Fettleibigkeit führen, und trägt so zu einem dauerhaften Gewichtsverlust bei. Die Kombination aus gesunder Ernährung und intermittierendem Fasten ist eine altbewährte Methode, um sein Gewicht im Griff zu behalten.

Doch was bedeutet das? Nehmen wir an, Sie geben an einem Tag 1000 Euro aus. Sie genießen Ihren Einkaufstag in vollen Zügen. Wenn Sie nur einmal im Jahr einen solchen Kaufrausch haben, ist das völlig in Ordnung. Aber wenn Sie jeden Tag in einen Kaufrausch fallen, werden Sie sehr schnell sehr arm. Der Gesamteffekt hängt also nicht nur von der Höhe oder dem Ausmaß der Aktivität ab, sondern auch von ihrer Dauer und Frequenz. Beim Insulin verhält es sich nicht anders. Der Gesamteffekt des Insulins hängt nicht nur davon ab, wie hoch der Insulinspiegel steigt (abhängig davon, was wir essen), sondern auch davon, ob der Insulinspiegel dauerhaft erhöht bleibt. Das hängt davon ab, wie oft man isst und wie groß der zeitliche Abstand zwischen zwei Mahlzeiten ist; das ist etwas völlig anderes als die Frage, was man isst. Wenn Sie abnehmen wollen, sind ein oder zwei Insulinspitzen am Tag auf jeden Fall besser als drei oder mehr Spitzen.

Wie können wir unseren Körper in den Zustand eines sehr niedrigen Insulinspiegels versetzen? Weil jedes Essen den Insulinspiegel steigen lässt, können wir ihn nur senken, indem wir vollständig aufs Essen verzichten. Die Antwort, nach der wir suchen, ist mit einem Wort gegeben: *Fasten*. Fasten bedeutet, dass man eine bestimmte Zeit lang nichts isst. Das können mehrere Stunden (zwischen den Mahlzeiten) oder auch mehrere Wochen sein. Um abzunehmen und Typ-2-Diabetes rückgängig zu machen, empfehle ich ein Fastenfenster von 16 bis 36 Stunden.

Fasten zählt zu den ältesten Heilmitteln der Menschheit, darf aber nicht mit Hungern verwechselt werden, das ein ungesunder Zustand ist. Hungern ist ein *ungewollter* Nahrungsverzicht; er ist *weder beabsichtigt*, noch läuft er kontrolliert ab. Wenn Sie eine Zeit lang nichts gegessen haben und nicht wissen, wann Sie wieder etwas zu essen bekommen, dann hungern Sie. Fasten ist hingegen der *absichtliche* Verzicht auf Nahrung aus religiösen, gesundheitlichen oder anderen Gründen. Sie können so lange fasten, wie Sie möchten, aber Sie haben dabei immer die Wahl, wieder etwas zu essen, wenn Sie das möchten.

Viele Menschen befürchten, dass sie kraftlos und unkonzentriert sind, wenn sie fasten, aber diese Sorge ist unbegründet. Denken Sie an die letzte üppige Mahlzeit, die Sie gegessen haben, zum Beispiel an Weihnachten. Haben Sie sich danach körperlich und geistig fit gefühlt? Oder müde und träge? Ich nehme an, dass eher Letzteres der Fall war. Wenn man isst, wird der Magen besser durchblutet, damit er den großen Strom an Nahrung verarbeiten kann; das hat zur Folge, dass dem Gehirn weniger Blut zur Verfügung steht. Fasten bewirkt das genaue Gegenteil, das bedeutet, dem Gehirn steht mehr Blut zur Verfügung. Der menschliche Körper ist so beschaffen, dass er funktionieren und leistungsfähig sein kann, auch wenn er kurzzeitig ohne Nahrung auskommen muss.

Glucose und Fett sind unsere hauptsächlichen Energiequellen. Wenn keine Glucose verfügbar ist, passt sich der Körper an und greift auf seine Fettreserven zurück. Fett ist unsere gespeicherte Nahrungsenergie. Das ist sein Zweck. In Zeiten der Nahrungsknappheit wird gespeicherte Nahrung (Fett) automatisch freigesetzt, um unseren Körper mit Energie zu versorgen. Das ist völlig normal. Der Übergang vom gesättigten in den fastenden Zustand vollzieht sich in mehreren Phasen:

1. **Nahrungsaufnahme:** Während der Mahlzeiten steigt das Insulin an, wodurch die Glucose von Körpergewebe wie Muskeln oder Gehirn aufgenommen und als Energie verwendet werden kann. Überschüssige Glucose wird als Glycogen in der Leber gespeichert.

2. **Postresorptionsphase (6 bis 24 Stunden nach Fastenbeginn):** Der Insulinspiegel fällt. Die Aufspaltung des Glycogens in der Leber setzt Glucose frei, die als Energie genutzt werden kann. Die Glycogenspeicher halten für etwa 24 Stunden.

3. **Gluconeogenese (24 bis 48 Stunden):** Die Leber stellt aus Aminosäuren und Glycerol neue Glucose her. Bei Nichtdiabetikern fällt der Glucosespiegel, der aber innerhalb des normalen Spektrums bleibt.

4. **Ketose (ein bis drei Stunden nach Fastenbeginn):** Triglyceride sind die Hauptbestandteile von Fetten und werden in ihre Einzelteile – ein Glycerin-Molekül und drei Fettsäuren – zerlegt. Glycerin wird für die Gluconeogenese verwendet. Fettsäuren können direkt als Energie von verschiedenen Körpergeweben genutzt werden, aber nicht vom Gehirn. Ketonkörper, die die Blut-Hirn-Schranke überwinden können, entstehen aus Fettsäuren, die das Gehirn nutzen kann. Ketone können bis zu 75 Prozent der Energie für das Gehirn liefern.

5. **Protein-Konservierungsphase (nach fünf Tagen):** Eine große Menge Somatropin (Wachstumshormon) sorgt für den Erhalt der Muskelmasse und von magerem Körpergewebe. Die für den Erhalt des Grundumsatzes erforderliche Energie wird fast ausschließlich durch die verfügbaren freien Fettsäuren und Ketone erzeugt. Ein erhöhter Adrenalinspiegel verhindert eine Abnahme der Stoffwechselrate.

Bei einer Fastenphase, die 16 bis 36 Stunden dauert, bleibt der Blutzuckerspiegel stabil, weil der Körper in dieser Zeit dazu übergeht, Fett als Energiequelle zu nutzen. In jüngerer Vergangenheit wurde das Fasten im zweitägigen Rhythmus untersucht und als akzeptable Abnehmmethode eingestuft. Nachfolgend stelle ich Ihnen einen einfachen Ansatz vor, mit dem man sein Insulin senken und abnehmen kann, indem man kontrolliert, was man isst.

Schritt 1: Essen Sie nur, wenn Sie hungrig sind

Viele Menschen essen auch dann, wenn sie gar nicht hungrig sind. Es wird zum Beispiel oft empfohlen, gleich nach dem Aufstehen etwas zu essen. Das Frühstück sollte nicht mehr als »wichtigste Mahlzeit des Tages« betrachtet werden, sondern einfach nur als »Mahlzeit«. Es spricht absolut nichts dagegen, die erste Mahlzeit des Tages später zu sich zu nehmen, beispielsweise um 12 oder 14 Uhr. Welche Vorteile hat es, am frühen Morgen etwas in sich hineinzustopfen, obwohl man gar keinen besonderen Hunger oder Appetit hat? Keine. Gibt es eine Regel, die vorschreibt, dass man drei Mal am Tag essen muss, jeden Tag, auch wenn man keinen Appetit hat? Nein. Essen führt – beinahe per definitionem – dazu, dass Sie nicht abnehmen werden.

Lassen Sie Zwischenmahlzeiten und Snacks weg

1. Der »gesunde Snack« ist einer der größten Mythen, die sich ums Abnehmen ranken. In den 1970er-Jahren war es gang und gäbe, nur drei Mahlzeiten am Tag zu sich zu nehmen. Zu Beginn des neuen Jahrtausends wurde die Grazing-Methode populär, und plötzlich waren fünf oder sechs Mahlzeiten am Tag üblich. Noch erstaunlicher ist, dass uns allen vorgegaukelt wurde, dass diese Praktik auch noch gut für uns wäre. Wenn wir abnehmen wollen, so rieten uns die Ernährungsexperten damals, sollten wir häufiger essen. Diese Behauptung klingt ziemlich absurd; was daran liegt, dass sie auch ziemlich absurd ist. Eine konstante Ausschüttung von Insulin führt früher oder später zur Insulinresistenz. Sind Zwischenmahlzeiten nötig? Nein. Wenn Sie sich dabei ertappen, wie Sie nach einem Snack greifen, sollten Sie sich fragen, ob sie wirklich Hunger haben oder ob Sie sich nicht vielmehr langweilen. In Bezug auf Snacks gilt die Devise: Aus den Augen, aus dem Sinn. Schaffen Sie sie also aus Ihrem Blickfeld. Wenn Sie es gewohnt sind, zu snacken, sollten Sie diese Gewohnheit durch eine weniger gesundheitsschädliche Gewohnheit ersetzen. Vielleicht könnten Sie es sich zur Gewohnheit machen, am Nachmittag eine Tasse grünen Tee zu trinken. Es gibt eine ganz einfache Antwort auf die Frage, was Sie als Zwischenmahlzeit essen sollten: gar nichts. Verzichten Sie auf alle Snacks. Das war's. Machen Sie Ihr Leben nicht unnötig kompliziert.

Schritt 2: Fasten Sie intermittierend

Fasten unterscheidet sich insofern von Diäten, als es kein dauerhafter Zustand ist, sondern nur in zuvor festgelegten Zeitfenstern stattfindet. Diäten scheitern wegen ihrer Dauerhaftigkeit. Das definierende Merkmal allen irdischen Lebens ist die Homöostase. Mit anderen Worten: Auf jeden dauerhaft einwirkenden Stimulus folgt früher oder später eine Anpassung, die der Veränderung standhält. Eine dauerhaft niedrige Kalorienzufuhr führt zu einer Anpassung (Resistenz); der Körper reagiert schließlich damit, dass er seinen Gesamtenergieverbrauch drosselt, was dazu führt, dass man nicht weiter abnimmt und schließlich wieder zunimmt.

Das intermittierende Fasten hält unsere Hormonproduktion hingegen ständig auf Trab. Unsere Ernährung darf daher nicht konstant, sondern muss intermittierend sein. Mit Essen zelebriert man das Leben. Jede Kultur auf der Welt feiert ihre Feste mit großen Mahlzeiten. Das ist normal und auch gut so. Sollten Sie an Ihrem Geburtstag schlemmen? Auf jeden Fall. Sollten Sie auf einer Hochzeit schlemmen? Auf jeden Fall. Aber danach sollten Sie fasten. Das ist der Kreislauf des Lebens. Wir können nicht ständig schlemmen, und wir können nicht ständig fasten. Das funktioniert einfach nicht.

Wenn Sie noch nie zuvor gefastet haben, werden Sie sich bei dem Gedanken vielleicht unwohl fühlen. Aber beim Fasten gilt dasselbe wie bei allen anderen Dingen: Mit der Zeit wird es einfacher. Gläubige Moslems fasten während des einmonatigen Ramadan und sollten darüber hinaus noch an zwei Tagen in der Woche fasten. Es gibt weltweit geschätzte 1,6 Milliarden Muslime. Es gibt geschätzte 14 Millionen Mormonen, die einmal im Monat fasten sollten. Es gibt geschätzte 350 Millionen Buddhisten, von denen ebenfalls viele regelmäßig fasten. Fast ein Drittel der Weltbevölkerung sollte religionsbedingt regelmäßig fasten. Fasten ist also definitiv kein Ding der Unmöglichkeit.

Fasten lässt sich auf jede Ernährungsform anwenden. Es spielt keine Rolle, ob Sie kein Fleisch, keine Milchprodukte oder glutenhaltigen Backwaren essen, Sie können trotzdem fasten. Das Fleisch von Weiderindern aus ökologischer Aufzucht ist zwar gesund, kann aber auch kostspielig sein. Wenn Sie fasten, sparen Sie bares Geld, weil Sie weniger Lebensmittel benötigen. Es ist zwar gesund, zu Hause zu kochen, aber es kann auch ziemlich zeitaufwendig sein. Mit Fasten sparen Sie wertvolle Zeit. Das Leben wird einfacher, wenn Sie sich keine Gedanken darüber machen müssen, so viele Mahlzeiten zu planen, Lebensmittel einzukaufen und vorzubereiten.

Was Sie tun sollten, um abzunehmen:

1. Essen Sie nur, wenn Sie hungrig sind.
2. Fasten Sie intermittierend.

Wir haben bereits darüber gesprochen, was auf unserem Speiseplan stehen sollte: Weniger raffiniertes Getreide und Zucker, eine moderate Menge Protein und mehr gesunde Fette. Nehmen Sie mehr Ballaststoffe und Essig zu sich. Kaufen Sie nur naturbelassene, unverarbeitete Lebensmittel.

Und jetzt wissen Sie auch, wann Sie essen sollten: Essen Sie nur, wenn Sie hungrig sind, damit sich insulindominante und insulindefizitäre Phasen die Waage halten, und fasten Sie intermittierend, damit sich die gesättigten und nüchternen Phasen die Waage halten. Ständig zu essen, ist ein garantiertes Rezept für Gewichtszunahme. Intermittierendes Fasten ist eine sehr effektive Antwort auf die Frage, wann man essen sollte. Letztlich läuft alles auf die folgende Frage hinaus: Werden Sie abnehmen, wenn Sie nicht essen? Ja, natürlich werden Sie das. Dieses Kochbuch enthält über 100 Rezepte, darunter Gerichte für wundervolle Mahlzeiten für Ihre Essensphasen und schmackhafte Getränke für Ihre Fastenphasen.

PRAKTISCHE FAKTEN UND HÄUFIG GESTELLTE FRAGEN ÜBER DAS FASTEN

Fasten ist schon seit Langem eine bekannte und bewährte Heiltradition. Schon der Vater der modernen Medizin, Hippokrates von Kos (ca. 460 bis 370 v. Chr.), empfahl, zu fasten und Apfelessig zu trinken. Er schrieb: »Wer krank ist und isst, nährt seine Krankheit.« Denken Sie an Ihre letzte Grippeerkrankung. Wahrscheinlich hatten Sie keinen Appetit.

Obwohl Fasten eine instinktive und universelle menschliche Reaktion auf die verschiedensten Krankheiten zu sein scheint, wird sie von vielen mit Skepsis betrachtet. Es ranken sich mittlerweile so viele Mythen um das Fasten, dass sie mittlerweile als Wahrheit betrachtet werden. Hier sind einige der bekanntesten Mythen:

- Durch Fasten verbrennt man Protein und verliert Muskelmasse.
- Das Gehirn funktioniert nicht ohne Glucose.
- Durch Fasten schaltet der Körper in den Hungermodus, und man senkt seinen Grundumsatz.

- Durch Fasten bekommt man Heißhunger.
- Durch Fasten enthält man seinem Körper lebenswichtige Nährstoffe vor.
- Fasten führt zu Hypoglykämie (Unterzucker).

Wenn diese Mythen wahr wären, würde heute niemand von uns am Leben sein. Denken Sie nur einmal daran, was passieren würde, wenn man seine Muskelmasse als Energie verbrennen würde. In grauer Vorzeit waren die Winter sehr lang, und an vielen Tagen war keine Nahrung verfügbar. Wenn nach einem Kälteeinbruch Nahrung Mangelware ist, wäre man sehr geschwächt, wenn der Körper seine Muskeln zur Energiegewinnung verbrennen müsste. Man wäre schon bald so geschwächt, dass man weder jagen noch sammeln könnte. Es müsste sehr lange keine Nahrung verfügbar sein, damit der menschliche Körper seine Muskelmasse verbrennt. Dies ist nämlich erst dann der Fall, wenn der Körperfettanteil unter 4 Prozent fällt. Im Durchschnitt haben wir aber einen Körperfettanteil zwischen 25 und 30 Prozent.

Fakt ist, dass das Fasten heute genauso effektiv ist wie in der Steinzeit, und wir können damit unsere modernen Krankheiten behandeln – Fettleibigkeit, Diabetes und alle Leiden, die aus dem metabolischen Syndrom erwachsen. Fasten ist der bewusste, zeitlich begrenzte Verzicht auf Nahrung. Wie bei jeder größeren Umstellung der Lebensweise sollten Sie vor Beginn des Fastens Ihren Arzt konsultieren – vor allem, wenn Sie schwanger sind oder an Diabetes leiden. Der folgende Abschnitt erklärt ausführlicher, was Fasten genau ist und wie es abläuft.

Die Grundlagen des Fastens

Für das Fasten, das ich empfehle, sind kalorienfreie Getränke wie schwarzer Kaffee, Knochenbrühe, Wasser und Tee erlaubt, um den Hunger zu stillen und hydriert zu bleiben. Es gibt keine festgelegte Dauer oder ein Standardintervall; man kann zwölf Stunden, drei Monate oder länger fasten, wobei zwischen zwei Fastenphasen Wochen, Monate oder sogar Jahre liegen können. Beim intermittierenden Fasten fastet man kürzer, dafür aber regelmäßig und oft. Die drei Zeitfenster, die ich empfehle, sind 16, 24 und 6 Stunden.

- Eine tägliche 16-stündige Fastendauer bedeutet, dass man seine Mahlzeiten innerhalb eines achtstündigen Zeitfensters zu sich nimmt. Wenn Sie also um 19:00 Uhr mit dem Fasten anfangen, essen Sie erst am nächsten Tag um 11:00 Uhr wieder etwas. Sie nehmen dann in den folgenden Stunden zwei oder drei Mahlzeiten zu sich und fasten wieder ab 19:00 Uhr.

- Wenn Sie 24 Stunden fasten, essen Sie zum Beispiel ein frühes Abendessen und fasten dann von 19:00 Uhr bis 19:00 Uhr am Folgetag.
- Wenn Sie 36 Stunden fasten, essen Sie zum Beispiel ein frühes Abendessen und fasten von 19:00 Uhr bis zum Frühstück um 7:00 Uhr zwei Tage später.

Bei Diabetikern bewirkt eine längere Fastendauer einen niedrigeren Insulinspiegel, einen höheren Gewichtsverlust und eine stärkere Senkung des Blutzuckerspiegels. In der Klinik empfehle ich normalerweise, zwei- bis dreimal in der Woche zwischen 24 und 36 Stunden zu fasten.

Sind Sie bereit, es auszuprobieren, haben aber noch Fragen? Hier sind die Antworten auf einige der häufigsten Fragen.

Häufig gestellte Fragen über das Fasten

Was kann ich an den Fastentagen essen?

Wenn man sich in einer Fastenphase befindet, verzichtet man auf alle kalorienhaltigen Nahrungsmittel. Sie müssen in der Zwischenzeit aber hydriert bleiben. Trinken Sie daher stilles oder kohlensäurehaltiges Wasser; versuchen Sie täglich acht Gläser à 250 Milliliter zu trinken (insgesamt 2 Liter). Sie können das Wasser mit einem Spritzer Zitronen- oder Limettensaft aromatisieren. Sie können auch Apfelessig dazugeben (dosieren Sie die Menge je nach Ihren geschmacklichen Vorlieben), das eine blutzuckersenkende Wirkung hat. Selbstgekochte Brühe (siehe Seite 182 ff.) aus Rinder-, Schweine-, Hühner- oder Fischknochen mit einer Prise Salz eignet sich auch für die Fastentage. Obwohl Knochenbrühe mehr Nährstoffe enthält, ist Gemüsebrühe eine geeignete Alternative. Verwenden Sie keine Fertigprodukte und Brühwürfel, weil sie künstliche Aromen und Geschmacksverstärker enthalten. Jede Form von Zucker, künstlichen Aromen oder Süßstoffen ist während des Fastens verboten.

Ich nehme mit dem Essen Medikamente ein. Was soll ich tun, wenn ich faste?

Die Einnahme bestimmter Medikamente auf nüchternen Magen kann Probleme verursachen. Es ist zum Beispiel bekannt, dass Aspirin Magenverstimmungen oder sogar -geschwüre verursachen kann. Eisenpräparate können zu Übelkeit und Erbrechen führen. Metformin, das bei Diabetes und polyzystischem Ovarialsyndrom (PCOS) verordnet wird, kann zu Übelkeit und Durchfall führen. Sprechen Sie mit Ihrem Arzt über die Einnahme Ihrer Medikamente, bevor Sie mit einer Fastenkur anfangen.

Ich habe Diabetes. Darf ich trotzdem fasten?

Wenn man Diabetes hat oder ein Antidiabetikum einnimmt, muss man sich der Tatsache bewusst sein, dass Fasten den Blutzuckerspiegel senkt. Wenn man ein Antidiabetikum nimmt, vor allem Insulin, kann der Blutzucker lebensbedrohlich stark fallen. *Eine engmaschige medizinische Betreuung durch Ihren Arzt ist ein absolutes Muss. Wenn Sie nicht engmaschig betreut werden können, dürfen Sie nicht fasten.*

Bevor meine Patienten im Rahmen meines IDM-Programms zu fasten beginnen, senke ich oft die Dosis ihrer Antidiabetika, weil ich den Abfall des Blutzuckerspiegels bereits einkalkuliere.

Weil das Ausmaß dieses Abfalls aber nicht vorhersehbar ist, sollten Sie Ihren Blutzucker während des Fastens mindestens zweimal am Tag prüfen und die Werte schriftlich festhalten. Wenn Sie mehrfach niedrige Blutzuckerwerte verzeichnen, könnte Ihre Medikamentendosis zu hoch sein. Wenn Ihr Blutzucker übermäßig sinkt, müssen Sie vielleicht etwas Zucker oder Saft zu sich nehmen, um ihn zu normalisieren, auch wenn das bedeutet, dass Sie an jenem Tag mit dem Fasten aufhören müssen. Sie sollten außerdem Ihren Blutdruck regelmäßig prüfen, am besten wöchentlich. Lassen Sie sich in regelmäßigen Abständen bei Ihrem Arzt ein Blutbild inklusive Elektrolytmessung anfertigen. Sollten Sie sich aus irgendeinem Grund unwohl fühlen, müssen Sie das Fasten sofort einstellen und sich medizinisch betreuen lassen.

Was kann ich tun, wenn ich während des Fastens hungrig werde?

Das ist vermutlich die größte Sorge aller Menschen, die fasten wollen. Sie befürchten, dass sie Heißhungerattacken bekommen und sich über alles Essbare hermachen, das ihnen in die Finger kommt. Fakt ist aber, dass der Hunger nicht anhält; er kommt in Wellen. Das heißt also, dass er nach einer Weile von selbst vergeht. Halten Sie sich an Ihrem Fastentag beschäftigt und lenken Sie sich ab, damit Sie nicht ständig ans Essen denken. Sobald sich Ihr Körper auf das Fasten eingestellt hat, fängt er an, seine Fettspeicher zu verbrennen, und der Hunger nimmt ab. Bei einer längeren Fastendauer stellen viele Menschen fest, dass ihr Hunger am zweiten oder dritten Tag völlig abebbt.

Kann ich während des Fastens Sport treiben?

Auf jeden Fall. Es spricht nichts dagegen. Sie können jede Form von Training betreiben, sowohl Kraft- als auch Ausdauertraining. Viele denken irrigerweise, dass ein aktiver Körper ohne Nahrung nicht ausreichend mit Energie versorgt wird. Das stimmt nicht. Die Leber stellt ihm über die Gluconeogenese Energie bereit. In längeren Fastenphasen nutzen die Muskeln Fettsäuren als Energiequelle. Die Fastenphase bietet sich fürs Training sogar geradezu an, weil der Adrenalinspiegel in dieser Zeit erhöht ist. Die vermehrte Ausschüttung des Wachstumshormons Somatropin, die während des Fastens eintritt, kann zudem das Muskelwachstum anregen.

Macht Fasten müde?

Wahrscheinlich nicht. Ich habe an der IDM-Klinik die Erfahrung gemacht, dass vielmehr das Gegenteil der Fall ist. Viele Menschen fühlen sich während des Fastens besonders energiegeladen – vermutlich aufgrund des erhöhten Adrenalinspiegels. Der Grundumsatz fällt beim Fasten nicht; er steigt. Sie werden merken, dass Sie alle normalen Aktivitäten des täglichen Lebens auch dann ausüben können, wenn Sie nichts essen. Anhaltende oder übermäßige Erschöpfung ist während des Fastens allerdings nicht normal. In diesem Fall müssen Sie das Fasten sofort einstellen und sich medizinisch betreuen lassen.

Macht Fasten geistig träge oder vergesslich?

Fasten sollte keine Beeinträchtigung der Gedächtnisleistung oder Konzentration zur Folge haben. Die alten Griechen waren davon überzeugt, dass Fasten die kognitiven Fähigkeiten erheblich verbessert und den großen Denkern zu mehr geistiger Klarheit und Scharfsinn verhalf. Langfristig kann Fasten die Gedächtnisleistung verbessern. Einer Theorie zufolge aktiviert Fasten die sogenannte Autophagie, eine Form der Zellreinigung, die dazu beitragen kann, altersbedingter Vergesslichkeit vorzubeugen.

Was kann ich tun, wenn ich Schwindelanfälle bekomme?

Wenn Ihnen schwindlig wird, sind Sie mit größter Wahrscheinlichkeit dehydriert. Achten Sie darauf, viel zu trinken und Ihre Brühe oder Ihr Mineralwasser zu salzen, damit die Flüssigkeit länger in Ihrem Körper bleibt. Es kann aber auch sein, dass Ihr Blutdruck zu niedrig ist, vor allem, wenn Sie Medikamente gegen Hypertonie (Bluthochdruck) nehmen. Fragen Sie

Ihren Arzt, ob Ihre Medikamente neu eingestellt werden müssen. Dauerhafter Schwindel, Übelkeit oder Erbrechen sind während des intermittierenden oder kontinuierlichen Fastens nicht normal. In diesem Fall müssen Sie das Fasten sofort einstellen und sich medizinisch betreuen lassen.

Was kann ich tun, wenn ich Muskelkrämpfe bekomme?

Ein niedriger Magnesiumspiegel, der bei Diabetikern häufig vorliegt, kann die Ursache für Muskelkrämpfe sein. Um dieses Problem zu beheben, können Sie ein Magnesiumpräparat aus der Drogerie verwenden oder ein Bittersalz-Bad nehmen, das Magnesiumsalze enthält. Geben Sie eine Tasse (à 250 Milliliter) Bittersalz in ein warmes Bad, und baden Sie eine halbe Stunde darin. Das Magnesium wird über Ihre Haut aufgenommen.

Was kann ich tun, wenn ich Kopfschmerzen bekomme?

Versuchen Sie, Ihre Salzzufuhr zu erhöhen, indem Sie Ihre Knochenbrühe oder Ihr Mineralwasser zusätzlich salzen. Kopfschmerzen sind in den ersten Fastenphasen nicht ungewöhnlich. Man nimmt an, dass sie durch den Wechsel von einer relativ salzreichen Kost zu den an den Fastentagen getrunkenen und vergleichsweise salzarmen Brühen und Getränken verursacht werden. Sie vergehen normalerweise bald wieder, und wenn Sie sich an das Fasten gewöhnen, löst sich dieses Problem meist von selbst. Wenn Ihnen Ihre Kopfschmerzen aber Anlass zur Sorge bereiten, sollten Sie Ihren Arzt konsultieren.

Was kann ich tun, wenn ich an Verstopfung leide?

Verstopfung ist zu Beginn einer Fastenkur nicht unüblich. Nehmen Sie in diesem Fall in den Essensphasen mehr Ballaststoffe, Obst und Gemüse zu sich. Ein pflanzliches Präparat wie Metamucil hilft, mehr Ballaststoffe aufzunehmen und vermehrten Stuhlgang zu produzieren. Wenn das Problem allerdings anhält, sollte Ihnen Ihr Arzt ein Abführmittel verschreiben.

Wie soll ich das Fasten brechen?

Es ist wichtig, dass Sie Ihr Fasten behutsam brechen und zum Beispiel eine Handvoll Nüsse oder einen kleinen Salat essen. Wenn Sie nach dem Fasten zu viel auf einmal essen, kann das zu Magenverstimmungen oder Sodbrennen führen, die gesundheitlich zwar relativ ungefährlich, aber trotzdem ziemlich unangenehm sind. Vermeiden Sie es, sich unmittelbar nach einer Mahlzeit hinzulegen; versuchen Sie stattdessen, mindestens eine halbe Stunde in einer aufrechten Position zu bleiben. Wenn Sie nachts an Sodbrennen leiden, können Sie Holzblöcke unter das Kopfende Ihres Bettes legen, damit Ihr Kopf etwas erhöht liegt. Wenn Ihnen keine dieser Lösungen hilft, sollten Sie Ihren Arzt konsultieren.

Ich nehme nicht ab. Was mache ich falsch?

Wenn Sie das Ziel verfolgen, Gewicht zu verlieren, müssen Sie beharrlich und geduldig bleiben. Wie viel Sie abnehmen werden, ist individuell sehr verschieden. Je länger Sie an Fettleibigkeit leiden, umso länger dauert das Abnehmen. Bestimmte Medikamente, die Sie einnehmen, können überdies einen Gewichtsverlust erschweren. Sie werden früher oder später mit dem Abnehmen stagnieren und ein Plateau erreichen. In diesem Fall kann es hilfreich sein, den Fastenrhythmus oder Speiseplan – oder beides – zu verändern. Manche Patienten verdoppeln ihre Fastendauer von 24 auf 48 Stunden. Andere Patienten essen jeden Tag nur eine Mahlzeit. Wieder andere Patienten fasten gleich eine ganze Woche. Oft muss man sein Fastenprotokoll verändern, um ein Plateau zu überwinden, aber sprechen Sie Ihr weiteres Vorgehen unbedingt mit Ihrem Arzt ab, um den für Sie richtigen Ansatz zu finden.

Tipps für den Erfolg

In der IDM-Klinik (*www.IDMprogram.com*) helfen wir jedes Jahr Hunderten von Menschen jeden Alters und Gesundheitszustands dabei, erfolgreich abzunehmen. Hier sind einige Tipps, die auch Ihnen helfen können:

1. **Trinken Sie viel Wasser:** Starten Sie jeden Morgen mit einem Glas Wasser in den Tag.
2. **Lenken Sie sich ab:** So denken Sie nicht ständig an Essen. Es hilft, wenn Sie Ihren Fastentag auf einen möglichst geschäftigen Arbeitstag legen.
3. **Trinken Sie Kaffee:** Kaffee hat eine leicht appetitzügelnde Wirkung. Sie können auch grünen oder schwarzen Tee und Knochenbrühe probieren.
4. **Reiten Sie auf den Wellen:** Der Hunger kommt phasenweise, er ist also nicht von Dauer. Bleiben Sie geduldig und beschäftigen Sie sich.

5. **Behalten Sie es für sich, dass Sie :** Es kann passieren, dass wohlmeinende Freunde oder Kollegen Ihnen das Fasten auszureden versuchen, weil sie die Vorteile nicht verstehen.

6. **Geben Sie sich 30 Tage Zeit:** Es dauert eine Weile, bis sich Ihr Körper an das Fasten gewöhnt hat. Lassen Sie sich durch Rückschläge nicht entmutigen. Es wird mit der Zeit einfacher.

7. **Nehmen Sie an den fastenfreien Tagen nahrhafte Speisen zu sich:** Intermittierendes Fasten ist kein Freibrief dafür, sich an den übrigen Tagen den Bauch mit allem vollzuschlagen, worauf Sie gerade Appetit haben. Verzehren Sie gesunde, naturbelassene Nahrungsmittel, die möglichst keinen Zucker und verarbeitete Kohlenhydrate enthalten.

8. **Schlagen Sie nicht über die Stränge:** Nach einem Fastentag sollten Sie so tun, als wäre nichts gewesen. Essen Sie normal, als hätten Sie nicht gefastet.

Der letzte und wichtigste Tipp ist, das Fasten an Ihr Leben anzupassen! Passen Sie Ihre Fastenphasen so an, dass sie sich gut in Ihren Alltag einbinden lassen. Isolieren Sie sich nicht von Ihren Mitmenschen, nur weil Sie fasten. Es wird Zeiten geben, in denen ein Fasten unmöglich sein wird: zum Beispiel im Urlaub, an Feiertagen, bei Hochzeiten. Versuchen Sie nicht, sich an diesen Feiertagen mit Fasten zu kasteien. Diese Anlässe sind Gelegenheiten, das Leben zu genießen und sich daran zu erfreuen. Danach können Sie wieder mit Ihrem normalen Fastenrhythmus weitermachen. Eine Ernährungsumstellung kann zunächst wie eine schier unüberwindliche Hürde erscheinen, aber Sie sollten sich bewusst machen, dass Sie mit Ihrer Entscheidung bereits den ersten Schritt unternommen haben, etwas für Ihre Gesundheit zu tun.

REZEPTE

Vorräte

Die Rezepte in diesem Buch stellen natürliche, gesunde Fette in den Vordergrund, während stärke- und zuckerhaltige Zutaten in den Hintergrund treten. Die nachfolgend vorgestellten Gerichte schmecken intensiv, lassen sich einfach zubereiten und folgen einem Ernährungsansatz, der nicht dogmatisch, sondern sehr kulant und flexibel ist. Es handelt sich bei den Rezepten um Vorschläge, das heißt, Sie können abhängig von Ihren persönlichen Vorlieben Zutaten ersetzen, ihre Menge anpassen und die Garzeit verlängern oder verkürzen.

Ihre Experimente werden viel einfacher und erfolgreicher sein, wenn Sie zu Hause einen guten Vorrat an Grundzutaten haben. Wichtig ist, dass Sie die Zutatenlisten auf Fertigprodukten wie Ketchup, Senf, Dips, Suppen und sogar Gewürzmischungen lesen, bevor Sie sie kaufen oder konsumieren. Sie enthalten oft verschiedene Formen von Zucker und Stärke, die als preisgünstige Geschmacksträger oder Verdickungsmittel zugesetzt werden.

Hier sind einige Nahrungsmittel, die Sie immer zu Hause vorrätig haben sollten.

Getränke

In diesem Kochbuch mache ich viele Vorschläge, was Sie während des Fastens trinken können; darunter sind auch Knochenbrühen. Nachfolgend stelle ich einige Optionen vor, damit Sie sich bei Ihrer Getränkewahl nie wieder langweilen.

- Kaffee: koffeinhaltig oder koffeinfrei
- Tee: schwarzer, weißer oder grüner Tee, Oolong- und Kräutertee
- Wasser: stilles oder mit Kohlensäure versetztes Mineralwasser, gefiltertes Wasser oder Leitungswasser; wenn Sie möchten, können Sie Ihr Wasser auch mit einem Spritzer Zitronen- oder Limettensaft oder etwas Apfelessig aromatisieren
- trockener Rotwein: in Maßen in den Essensphasen; achten Sie auf einen niedrigen Zuckergehalt

Würzmittel

Fertigprodukte sind oft stark zuckerhaltig. Werden Sie vor allem bei Zutaten mit der Wortendung »-ose« hellhörig, weil es sich dabei oft um eine Form von Zucker handelt. Machen Sie es sich zur Gewohnheit, einen Blick auf die Zutatenliste zu werfen. Hier sind empfehlenswerte Würzmittel:

- Currypaste
- Dijonsenf und körniger Senf
- Miso (Sojabohnenpaste)
- Sambal Oelek (Chilipaste)
- Tahini (Sesampaste)
- Tamari (glutenfreie Sojasoße)

Milchprodukte

Verwenden Sie Vollmilchprodukte, weil sie geschmacksintensiver sind. Verwenden Sie Butter, Käse und Sahne zum Eindicken und Abschmecken von Soßen. Wenn Sie keine Kuhmilch vertragen, können Sie auch Ziegen- oder Schafsmilch verwenden. Vermeiden Sie Margarine. Folgende Zutaten sollten Sie in Ihrem Kühlschrank aufbewahren:

- Butter (je nach persönlicher Vorliebe gesalzen oder ungesalzen), Vollmilch und Schlagsahne
- Käse (Hart-, Weich-, halbfester Schnitt- und Frischkäse) – Sie können nichts falsch machen, wenn Sie immer etwas Parmesan oder Pecorino zur Hand haben
- Naturjoghurt – vermeiden Sie gesüßte Fruchtjoghurts

Öle

Vermeiden Sie stark raffinierte oder verarbeitete Öle. Hierzu zählen viele Pflanzenöle wie Mais-, Distel-, Baumwollsamen- und Rapsöl. Verwenden Sie stattdessen kaltgepresste Öle, die dem ursprünglichen Nahrungsmittel möglichst ähnlich sind.

- Ghee (geklärte Butter)
- Kokosöl
- natives Olivenöl extra
- Sesamöl
- Traubenkernöl
- Walnussöl

Protein

Mäßigen Sie Ihren Proteinkonsum. Sie müssen nicht besonders viel davon essen, um satt zu werden und sich mit ausreichender Energie zu versorgen, aber es sollte in jeder Mahlzeit enthalten sein.

- Bohnen: getrocknet oder in Dosen sind sie eine gute Ballaststoffquelle
- Eier: eine hervorragende Wahl; essen Sie sie nicht nur zum Frühstück
- Fisch, Geflügel, rotes und weißes Fleisch; greifen Sie zu Sorten mit einem höheren Fettanteil
- Nüsse, Kerne und Samen: Walnüsse, Mandeln, Sesam, Leinsamen, Sonnenblumenkerne, Chiasamen
- Quinoa: ist kein Getreide, sondern eine Körnerfrucht, die alle essenziellen Aminosäuren enthält. Sie sollten auch immer Speck, Schinken oder Pancetta vorrätig haben, die sich im Übrigen gut einfrieren lassen.

Gewürze

Getrocknete Gewürze und Kräuter verlieren ihr Aroma schneller, als man denkt. Daher empfiehlt es sich, nur eine Handvoll Gewürze im Haus zu haben und sie im Idealfall innerhalb von drei Monaten zu verbrauchen.

- Chiliflocken und Chilipulver
- Chipotle (geräucherte Chilischoten)
- Currypulver
- Kräuter der Provence (getrocknetes Basilikum, Oregano, Lavendel, Rosmarin, Fenchel, Thymian, Estragon)
- Kreuzkümmel, gemahlen und ganz
- Kurkumapulver
- schwarzer Pfeffer

Süßungsmittel

Wenn Sie Honig oder Ahornsirup verwenden wollen, müssen Sie darauf achten, dass sie keinen Glucosesirup enthalten. Kaufen Sie ausschließlich reinen Ahornsirup.

Gemüse und Obst

Essen Sie mehr Gemüse! Das geht ganz einfach. Sie können es mit gesunden Fetten kombinieren, damit es besser schmeckt – Olivenöl eignet sich hierfür bestens. Essen Sie keine Kartoffeln, wenn Sie abnehmen wollen. Kaufen Sie frische oder tiefgekühlte Produkte; Dosengemüse ist nicht ideal, obwohl Sie immer einige Dosen geschälte Tomaten vorrätig haben sollten – sie schmecken nicht nur aromatisch, sondern sind auch vielseitig einsetzbar.

- Dosentomaten
- frischer Ingwer: In gefrorenem Zustand lässt er sich besser reiben.
- grünes Blattgemüse wie Grünkohl, Mangold, Kohl und Brokkoli
- in Olivenöl eingelegte Oliven
- Speisezwiebeln, Frühlingszwiebeln, Schalotten, Knoblauch; Sie sollten immer eine Auswahl an verschiedenen Zwiebelsorten auf Lager haben.
- Zitrusfrüchte: Zitronen und Limetten verleihen jedem Gericht eine angenehme Säure und Frische.

Essig

Feste oder flüssige fermentierte Lebensmittel sind verdauungsfördernd. Sie verleihen cremig-üppigen Speisen zudem eine ausgleichende, säuerliche Nuance. Das gilt vor allem für den geschmackintensiven Balsamico-Essig. Neben Apfelessig eignen sich andere Essigsorten, die zum Beispiel mit Kräutern wie Estragon verfeinert sind, hervorragend für Salatdressings.

- Apfelessig
- Reisweinessig
- Rotwein- und Weißweinessig
- Sherryessig

FRÜHSTÜCK

Chia-Parfait

Pudding aus Chiasamen ist nicht nur vielseitig einsetzbar, sondern schmeckt auch verboten gut – er ist also aus gutem Grund sehr beliebt. Die Samen sind reich an Antioxidantien, Protein und Ballaststoffen. Fast alle Kohlenhydrate, die in Chiasamen enthalten sind, sind Ballaststoffe und nicht Stärke oder Zucker. Genau das macht sie für die Low-Carb-Küche so interessant. Chiasamen gelieren, wenn sie mit einer Flüssigkeit in Berührung kommen, und mit ihrer puddingartigen Konsistenz nehmen sie die Aromen der anderen Zutaten gut auf.

ERGIBT 4 PORTIONEN

1 l ungesüßte Kokos- oder Mandelmilch
reines Vanilleextrakt oder gem. Zimt
Salz
200 g Chiasamen
320 g frisches oder gefrorenes Beerenobst
4 EL gehackte Nüsse und Kerne
geriebene Zitronenschale zum Garnieren

1. Die Zutaten zurechtlegen, vorbereiten und abmessen. 4 Gläser mit Deckeln bereitstellen, die ein Fassungsvermögen von jeweils 350 ml haben.
2. Die Milch mit der Vanille (oder dem Zimt) und einer Prise Salz in einem Messbecher verrühren. Die Chiasamen unterheben.
3. Die Gläser abwechselnd mit einer Lage Obst und einer Lage Chiamischung befüllen. Dies sollte jeweils drei Lagen Obst und Chiamischung ergeben (siehe Foto). Die Oberfläche mit Nüssen, Kernen und geriebener Zitronenschale bestreuen. Die Gläser verschließen und über Nacht oder bis zu drei Tage in den Kühlschrank stellen.
4. Das Parfait gekühlt oder bei Zimmertemperatur servieren.

Beerenobst mit gerösteten Nüssen und Sahne

Bereiten Sie dieses Frühstück mit Ihren Lieblingsbeeren zu – oder dem Beerenobst, das Sie auf dem Markt gerade besonders anlacht. Dasselbe gilt für die Wahl der Nüsse. Dieses Gericht eignet sich hervorragend als Frühstück oder Dessert und enthält reichlich gesunde Ballaststoffe, Fett und Protein. Ein kleiner Schuss Ahornsirup sorgt für eine dezente Süße und macht diese Speise mehr zu einem Nachtisch als zu einem täglichen Gericht.

ERGIBT 4 PORTIONEN

- 450 g gemischtes Beerenobst
- 450 g gemischte rohe Nüsse
- 2 Zweige Rosmarin
- 2 EL Butter
- ½ TL Cayennepfeffer (optional)
- 1 TL reiner Ahornsirup oder -zucker (optional)
- Salzflocken oder grobes Meersalz
- 250 ml Schlagsahne mit 30 % Fett, Kochsahne mit 15 % Fett oder griechischer Joghurt

1. Die Zutaten zurechtlegen, vorbereiten und abmessen. Das Beerenobst abspülen und gut abtropfen lassen. Einige Minuten auf einem sauberen Küchentuch ausbreiten, bis es vollständig getrocknet ist, und in eine große, flache Schale füllen. Die Nüsse grob hacken. Die Rosmarinnadeln von den Zweigen streifen und zerstoßen. Den Ofen auf 175 °C vorheizen.

2. In einer großen Sautierpfanne die Butter bei mittlerer Hitze zerlassen. Falls gewünscht, den Cayennepfeffer und/oder Ahornsirup hineingeben. Die Nüsse zugeben und 2–3 Minuten braten. Die Nüsse auf ein ungefettetes Backblech geben, salzen und 10–15 Minuten backen, bis sie an manchen Stellen leicht angebräunt sind und die Küche wunderbar duftet. Die Nüsse aus dem Ofen nehmen und abkühlen lassen.

3. Die Beeren auf 4 Schalen verteilen. Etwas Sahne oder Joghurt darüber geben und mit einigen EL Nüssen bestreuen. Falls Sahne mit einem Fettgehalt von 30 % verwendet wird, kann sie – ohne Zucker – steif geschlagen werden.

Einfaches Omelett

Ein Omelett ist eine klassische und sättigende Eierspeise, die eine elegante Lösung ist, wenn Sie es mit anspruchsvollen Gourmets zu tun haben: Passen Sie die Füllung einfach an die geschmacklichen Vorlieben der betreffenden Person an. Ich gebe immer etwas Käse in meine Füllung, weil er im gefalteten Omelett schön schmilzt und eine cremige Konsistenz verleiht.

ERGIBT 4 PORTIONEN

8 Eier
60 ml Wasser
Olivenöl zum Anbraten der Füllung
80 g Omelettfüllung (siehe Anmerkung)
8 TL Butter
Salz und Pfeffer

1. Die Zutaten zurechtlegen, vorbereiten und abmessen. Die Eier mit dem Wasser, Salz und Pfeffer verquirlen. Bei Bedarf die Zutaten für die Omelettfüllung anbraten.
2. In einer kleinen beschichteten Sautierpfanne 2 TL Butter bei mittlerer Hitze zerlassen. Ein Viertel der Eiermasse hineingeben; sie sollte den Pfannenboden vollständig bedecken. Die noch rohe Eiermasse mit einem Holzlöffel von den Rändern in die Mitte schieben und das Omelett so lange garen, bis die Ränder gestockt sind, die Mitte aber noch ein wenig flüssig ist.
3. Die Füllung in die Mitte des Omeletts geben. Eine Seite des Omeletts mit einem Bratenwender zur Mitte klappen. Die Pfanne über einen Teller halten und das Omelett so aus der Pfanne auf den Teller gleiten lassen, dass auch die andere Seite zur Mitte klappt und die Füllung von beiden Seiten umschlossen wird.
4. Die Schritte 2–3 wiederholen, um 3 weitere Omeletts zuzubereiten. Sofort servieren.

Anmerkung: Omeletts werden klassischerweise mit Käse, gekochtem Fleisch, Meeresfrüchten und gebratenem Gemüse gefüllt, aber scheuen Sie sich nicht, Essensreste zu verwenden, die Sie noch in Ihrem Kühlschrank haben. Hier sind einige Vorschläge für Füllungen:

- Brie und Schinken: den Käse und Schinken fein würfeln
- Cheddar und sautierte Schalotten: den Käse fein würfeln und eine große oder zwei kleine Schalotten 5 Minuten in etwas Olivenöl sautieren
- Mozzarella und Rucola: den Käse fein würfeln und den Rucola in grobe Stücke reißen

Kokospfannkuchen

Diese Pfannkuchen schmecken köstlich. Kokosmehl ist ballaststoffreicher als Weizenmehl und daher besser für die Verdauung und den Blutzucker. Besonders lecker werden die Pfannkuchen, wenn man sie mit frischen Beeren und Schlagsahne garniert. Sie schmecken auch als deftige Variante mit Speck – aber mit Speck schmeckt bekanntlich alles besser!

ERGIBT 4 PORTIONEN

2 EL Kokosöl oder Butter (und noch etwas mehr fürs Ausbacken)
6 Eier
250 ml Kokosmilch oder Kuhmilch
1 TL reines Vanilleextrakt
50 g Kokosmehl
1 TL Natron
Salz

1. Die Zutaten zurechtlegen, vorbereiten und abmessen. Das Kokosöl (oder die Butter) schmelzen und auf Zimmertemperatur abkühlen lassen. Die Eier schaumig schlagen.
2. Das flüssige Kokosöl (oder die flüssige Butter), die Milch und Vanille mit den verrührten Eiern in eine Schüssel geben. Das Mehl und den Natron hineinsieben. Leicht salzen. Falls der Teig zu dickflüssig ist, esslöffelweise mehr Milch dazugeben.
3. Eine Bratpfanne auf mittlere bis hohe Temperatur erhitzen, bis ein Tropfen Wasser zischend auf der Oberfläche tanzt. Etwa 1 TL Kokosöl oder Butter in die Pfanne geben. Mit einem Löffel 3 Kleckser Teig in die Pfanne geben. Jeder Pfannkuchen sollte einen Durchmesser von etwa 7,5 cm haben; wenn sie größer sind, zerfallen sie beim Wenden.
4. Die Pfannkuchen werden nach 2–3 Minuten anfangen zu duften. Vorsichtig wenden und 2 Minuten weitergaren.
5. Sofort servieren, am besten mit Beeren und Schlagsahne garniert.

Pochierte Eier auf Spinat mit Prosciutto

Das Kniffligste an diesem Rezept ist das Pochieren der Eier. Die Zugabe von Essig ins köchelnde Wasser ist eine traditionelle – aber riskante – Art, um das Eiweiß fest werden zu lassen. Wenn man zu viel Essig benutzt, wird das Eiweiß gummiartig und unappetitlich. Also suboptimal. Wenden Sie lieber die Strudelmethode an! Sie ist absolut zuverlässig, und Sie werden sich wie ein Profikoch fühlen.

ERGIBT 4 PORTIONEN

4 Eier
2 Knoblauchzehen
2–3 EL Olivenöl
450 g Spinat
225 g Prosciutto-Scheiben
Salz und Pfeffer

1. Die Zutaten zurechtlegen, vorbereiten und abmessen. Die Eier in Tassen oder Auflaufförmchen aufschlagen. Die Knoblauchzehen in dünne Scheiben schneiden. Einen Teller mit einigen Blättern Küchenrolle auslegen.
2. Einen kleinen Topf mit Wasser zum Kochen bringen. Die Temperatur reduzieren, mit einem Holzlöffel kreisende Bewegungen im Wasser machen, bis ein Strudel entsteht, und vorsichtig zwei Eier hineingleiten lassen. Den Küchenwecker auf 3 Minuten stellen. Die pochierten Eier mit einem Schaumlöffel vorsichtig aus dem Wasser heben und auf einen Teller geben. Diesen Vorgang mit den anderen beiden Eiern wiederholen.
3. In einer Pfanne, die ausreichend Platz für den gesamten Spinat bietet, das Olivenöl bei mittlerer Hitze erwärmen und die Knoblauchscheiben kurz anbraten. Eine Handvoll Spinat in die Pfanne geben und unter Rühren andünsten, bis er zusammenfällt. Mit dem restlichen Spinat auf dieselbe Weise verfahren. Die Herdplatte ausschalten, sobald der gesamte Spinat zusammengefallen ist. Mit Salz und Pfeffer würzen, in eine Schüssel füllen und warm halten.
4. Falls nötig, etwas mehr Olivenöl in die Pfanne geben und die Prosciutto-Scheiben etwa 30 Sekunden pro Seite anbraten.
5. Den Spinat auf 4 Tellern anrichten. Mit einem pochierten Ei belegen, mit Salz und Pfeffer abschmecken und mit mehreren Prosciutto-Scheiben anrichten.

Pikanter Gruyère-Eierstich

Eine weitere Eierspeise, die morgens, mittags und abends schmeckt. Als Beilage empfiehlt sich ein Blattsalat mit Zitronenvinaigrette. Frisée-, Feld-, Kopf- oder Eisbergsalat mit der Einfachen Vinaigrette (Seite 82) ergänzen das Gericht bestens.

ERGIBT 4 PORTIONEN

55 g Gruyère
55 g Parmesan oder Pecorino
500 ml Schlagsahne
1 Zweig frischer Thymian
1 Knoblauchzehe
3 Eier
3 Eigelbe
½ TL Senfpulver oder Cayennepfeffer
Salz und Pfeffer

1. Die Zutaten zurechtlegen, vorbereiten und abmessen. Beide Käsesorten reiben. Den Ofen auf 150 °C vorheizen. 4 Auflaufförmchen à 250 ml oder eine Auflaufform mit einem Fassungsvermögen von 1 l buttern.
2. In einem kleinen Topf die Sahne mit dem Thymian und Knoblauch bei mittlerer bis niedriger Hitze erwärmen, bis Dampf aufsteigt. Die Pfanne von der Herdplatte nehmen und die Sahne-Gewürz-Mischung abkühlen und ziehen lassen.
3. Die Eier, Eigelbe und das Senfpulver (oder Cayennepfeffer) mit dem Salz und Pfeffer in einer Schüssel verquirlen. Den geriebenen Käse dazugeben. Die Sahne durch ein feines Sieb gießen und mit den Eiern zu einer homogenen Masse verrühren.
4. Die Eierstich-Mischung in die Auflaufförmchen (oder die Auflaufform) füllen und diese in einen großen Bräter stellen. Kochendes Wasser in den Bräter gießen, bis die Auflaufförmchen etwa zur Hälfte in Wasser stehen. Es darf kein Wasser in die Eiermischung gelangen, weil diese eine cremig-samtige und keine wässrige Konsistenz haben soll. Den Eierstich 30–45 Minuten backen, bis er in der Mitte gestockt ist. Eierstich in kleinen Auflaufförmchen ist in der Regel schneller gar als in einer größeren Auflaufform. Den Bräter samt Förmchen oder Auflaufform aus dem Ofen nehmen und ein wenig abkühlen lassen.
5. Die Auflaufförmchen auf Teller stellen oder mit einem Löffel einzelne Portionen aus der größeren Form entnehmen.

Rührei mit Räucherlachs und Dill

Auch wenn Sie vielleicht etwas anderes gelesen haben: Die Zubereitung von Rühreiern ist keine Geheimwissenschaft. Sie lassen sich schnell zubereiten; das Leben ist zu kurz, um die Länge und Breite der Eierstückchen zu messen. Sie können dieses klassische Rezept ganz nach Ihren geschmacklichen Vorlieben (oder dem Inhalt Ihres Kühlschranks) verändern; statt Räucherlachs und Dill können Sie eine oder beide der unten genannten Varianten probieren (siehe Anmerkung) oder Ihre eigene Version kreieren. Das Spülen gestaltet sich einfacher, wenn Sie die Eier in einer beschichteten Pfanne zubereiten, aber das Rezept enthält genug Butter, damit nichts kleben bleibt.

ERGIBT 4 PORTIONEN

8 Eier
100 g Räucherlachs
3 Stängel frischer Dill
2 EL Butter
Salz und Pfeffer

1. Die Zutaten zurechtlegen, vorbereiten und abmessen. Die Eier verquirlen und mit Salz und Pfeffer würzen. Den Lachs in Streifen schneiden. Die Dillspitzen mit einer Schere von den Stängeln schneiden.
2. In einer mittelgroßen Pfanne die Butter bei mittlerer bis niedriger Hitze zerlassen. Die Eier in die Pfanne geben und die Masse vorsichtig mit einem Holzlöffel oder hitzebeständigen Teigschaber verrühren. Die Pfanne schütteln, damit sich die noch rohe Eiermasse gleichmäßig verteilt und stockt. Nach etwa 2 Minuten sollten sich weiche Stücke gebildet haben. Die Eier werden noch ein wenig flüssig sein. Die Pfanne von der Herdplatte nehmen.
3. Sofort den Lachs und Dill unter das Rührei heben und alles gut vermengen. Die Mischung noch etwa eine Minute ruhen lassen, bis die Eier vollständig durchgegart sind.
4. Die Rühreier warm servieren.

Anmerkung: Rühreier sind ein sehr vielseitiges Gericht. Hier sind zwei weitere Varianten.

- Mit Ziegenfrischkäse und Schnittlauch: In Schritt 2 werden der Eiermasse 55 g Ziegenfrischkäse beigemengt. In Schritt 3 den Lachs weglassen und anstelle des Dills 3–5 klein geschnittene Schnittlauchröllchen unter die Rühreier heben.
- Mit Pilzen und Thymian: In Schritt 2 werden zuerst 225 g Pilzscheiben sautiert, bis die Flüssigkeit in den Pilzen nach 5 Minuten weitgehend verdampft ist; erst dann kommt die Eiermasse dazu. In Schritt 3 den Lachs weglassen und anstelle des Dills die Blätter von 2 Thymianzweigen unter die Rühreier heben.

Shakshuka

Diese schnell zubereitete, pikante Soße entstammt den kulinarischen Traditionen Israels und Nordafrikas und stellt das perfekte Bett für Eier dar. Es ist ein aromatisches Gericht, das sich auch als Mittags- oder Abendessen eignet. Durch den üppigen, fettreichen Feta bleibt man auch nach Stunden noch gesättigt.

ERGIBT 4 PORTIONEN

2 Zwiebeln
2 rote Paprikaschoten
4 Knoblauchzehen
3 EL Olivenöl
1 TL gem. Kreuzkümmel
1 TL Cayennepfeffer
2 EL Tomatenmark
1 große Dose Tomaten (800 g) (inkl. Saft)
8 Eier
4 Stängel Koriandergrün
1 Bund glatte Petersilie
80 g Feta
Salz und Pfeffer

1. Die Zutaten zurechtlegen, vorbereiten und abmessen. Die Zwiebeln in dünne Scheiben schneiden. Die Paprikaschoten hacken. Die Knoblauchzehen hacken.
2. In einer großen Sautierpfanne das Olivenöl bei mittlerer Hitze erwärmen. Die Zwiebeln und Paprikastücke ca. 5 Minuten sautieren, bis sie weich sind. Den Knoblauch dazugeben und 1 Minute braten. Mit Salz und Pfeffer würzen. Den Kreuzkümmel und Cayennepfeffer hinzufügen und das Tomatenmark einrühren. Alles 2–3 Minuten garen, bis die Tomatenpaste anfängt zu karamellisieren. Die Tomaten inklusive Saft dazugeben. Wieder mit Salz und Pfeffer würzen.
3. 10–15 Minuten ohne Deckel köcheln lassen (kleine Bläschen), damit die Flüssigkeit reduziert wird. Die Soße sollte so dick sein, dass sich eine Mulde bildet, wenn man mit dem Kochlöffel hineindrückt.
4. 8 Mulden in die Soße drücken und vorsichtig 1 Ei in jede Mulde schlagen. (Das geht am einfachsten, wenn man jedes Ei zuerst in ein Förmchen schlägt und von dort in die Mulde gleiten lässt.) Mit Salz und Pfeffer würzen. Die Pfanne zudecken, und die Soße mit den Eiern ca. 3 Minuten kochen, bis die Eiweiße gestockt sind und die Eigelbe die gewünschte Konsistenz haben.
5. Das Koriandergrün in grobe Stücke reißen und über dem Shakshuka verteilen. Den Feta gleichmäßig über die Soße bröseln, dabei aber die Eier aussparen.
6. Das Shakshuka auf 4 Schalen verteilen und in jede Schale 2 Eier mit Soße geben.

Spiegeleier mit pikantem Spinat und Quinoa

Diese Mahlzeit ist für all jene geeignet, die zum Abendessen gerne ein Frühstücksgericht essen: Es ist sättigend, herzhaft und hat dank des Spinats eine angenehm bittere Geschmacksnote. Das Protein aus den Eiern und der Quinoa hält lange vor und gibt Ihnen die Kraft, alles zu erledigen, was Sie sich vorgenommen haben! Servieren Sie die Spiegeleier mit Harissa oder einer anderen scharfen Soße.

ERGIBT 4 PORTIONEN

80 g Quinoa
2 EL Butter
2 EL Olivenöl
4 Eier
225 g Spinat
1 TL Harissa-Paste oder Chiliflocken
Salz und Pfeffer

1. Die Zutaten zurechtlegen, vorbereiten und abmessen.
2. In einem kleinen Topf 250 ml Salzwasser zum Kochen bringen. Die Quinoa hineingeben, den Topf zudecken, die Hitze auf niedrige Stufe schalten und 15–20 Minuten kochen, bis die Quinoa kleine »Schwänzchen« bildet. Den Topf von der Herdplatte nehmen. Falls das Wasser nicht vollständig verdampft ist, die Quinoa in einem sehr feinen Sieb abtropfen lassen. Pfanne oder Sieb unbedeckt beiseite stellen.
3. Zwei schwere Pfannen auf mittlere Temperatur vorheizen und in beide Pfannen jeweils 1 TL Butter und 1 TL Olivenöl geben.
4. Eine Herdplatte auf niedrige Stufe schalten. Die Eier am Pfannenrand aufschlagen und die Spiegeleier sehr langsam ca. 5 Minuten braten, bis das Eiweiß fest und das Eigelb noch flüssig ist.
5. In der Zwischenzeit mehrere Handvoll Spinat in die andere Pfanne geben und unter Rühren andünsten, bis er zusammenfällt. Mit dem restlichen Spinat auf dieselbe Weise verfahren. Etwas Harissa-Paste (oder Chiliflocken) in den Spinat rühren, sobald dieser vollständig zusammengefallen ist. Mit Salz und Pfeffer würzen.
6. Den Spinat auf 4 Teller verteilen, etwas Quinoa dazugeben und schließlich mit einem Spiegelei belegen. Mit dem Saft aus der Bratpfanne beträufeln und servieren.

Weichgekochte Eier mit geröstetem Spargel

Wenn Sie es nicht gewohnt sind, gekochte Eier zu essen, haben Sie vielleicht keine Eierbecher zur Hand. In diesem Fall hilft der folgende kleine Tipp: Stellen Sie das Ei in ein Bett aus rohen Reiskörnern oder grobem Meersalz, das Sie zuvor in eine Tasse oder ein Auflaufförmchen gefüllt haben. So kippen die Eier nicht um, und Sie haben etwas »Rangierabstand«, wenn Sie mit einem scharfen Messer das Ei köpfen. Spargelspitzen sind eine hervorragende Alternative zu Brotsticks oder Toast.

ERGIBT 4 PORTIONEN

450 g Spargelstangen
1 EL Olivenöl
4 Eier
Salz und Pfeffer

1. Die Zutaten zurechtlegen, vorbereiten und abmessen. Die holzigen Enden der Spargelstangen abschneiden. Den Backofen auf 205 °C vorheizen.
2. Den Spargel auf einem mit Backpapier ausgelegten Backblech verteilen. Mit 1 EL Olivenöl beträufeln. Den Spargel mit Salz und Pfeffer würzen und 15–18 Minuten im Ofen rösten, bis er stellenweise dunkelbraun wird.
3. In der Zwischenzeit in einem mittelgroßen Topf Wasser zum Kochen bringen. Die Hitze herunterschalten, bis das Wasser nur noch leise köchelt, und die Eier mit einem Löffel vorsichtig hineingeben. Die Eier 5 Minuten kochen und aus dem Wasser heben.
4. Die weichgekochten Eier in Eierbecher füllen und köpfen. Den Spargel auf Tellern anrichten und in das flüssige Eigelb dippen. Das Eiweiß mit einem kleinen Löffel essen.

SALATE

Nizza-Salat

Sie können die Kartoffeln weglassen, wenn Sie sie nicht möchten. Frühkartoffeln sind kohlenhydratärmer als ihre ausgewachsenen Verwandten. Wenn eine gemüsehaltigere Variante erwünscht ist, können sie durch zusätzliche Radieschen und grüne Bohnen ersetzt werden.

ERGIBT 4 PORTIONEN

SALAT

450 g junge grüne Bohnen
450 g Snacktomaten
225 g Radieschen
1 Handvoll Basilikumblätter
450 g Frühkartoffeln
4 Eier
150 g schwarze Oliven
12 Sardellen
2 EL Kapern
450 g Thunfisch in Olivenöl
Salz und Pfeffer

DIJONSENF-VINAIGRETTE

2 EL Weißweinessig
2 TL Dijonsenf
6 EL Olivenöl
Salz und Pfeffer

1. Die Zutaten zurechtlegen, vorbereiten und abmessen. Die Bohnen putzen und die Enden abschneiden, evtl. Fäden abziehen. Die Tomaten der Länge nach halbieren. Die Radieschen in dünne Scheiben schneiden. Die Basilikumblätter grob zerpflücken.
2. Die Kartoffeln in einen Topf geben, 1 EL Salz zufügen und bei großer Hitze 12–15 Minuten kochen, bis sie gar sind.
3. Die Eier in einen kleinen Topf mit kaltem Wasser geben und zum Kochen bringen. Die Eier ca. 5 Minuten kochen. Den Topf mit den Eiern sofort von der Herdplatte nehmen, die Eier mit einer Schaumkelle aus dem Wasser heben und vorsichtig auf der Arbeitsplatte ausrollen, damit die Schale bricht. Die Eier schälen, unter fließendem Wasser abspülen und beiseite stellen.
4. Eiswasser in eine große Schüssel füllen. Einen kleinen Topf mit Salzwasser zum Kochen bringen, die Bohnen hineingeben und etwa 4 Minuten blanchieren. Die Bohnen im Eiswasser abschrecken, um den Garvorgang zu unterbrechen, mit einer Schaumkelle aus dem Wasser heben und beiseite stellen, bis sie kalt genug sind, um sie der Länge nach zu halbieren.
5. Für die Vinaigrette den Essig und Senf in einer kleinen Schüssel verrühren. Langsam das Olivenöl hinzugeben und alle Zutaten mit dem Schneebesen schaumig schlagen. Mit Salz und Pfeffer würzen.
6. Die grünen Bohnen, Tomaten, Radieschen, Kartoffeln, Oliven, Sardellen und Kapern auf 4 Tellern anrichten. Etwas Dressing, die halbierten hartgekochten Eier und den zerpflückten Thunfisch darauf verteilen und alles mit Salz und Pfeffer abschmecken. Zusätzliches Dressing in einem separaten Behälter servieren.

Insalata Caprese

Dieser Salat überzeugt auf ganzer Linie mit seiner Kombination aus mildem Mozzarella, vollreifen Tomaten, frischem Basilikum und dem besten Olivenöl, das Sie sich leisten möchten. Sie können auch Kirschtomaten und Bocconcini (Mini-Mozzarella) benutzen oder Ochsenherztomaten und zerpflückten Burrata, der im Vergleich zum Mozzarella eine sahnig-cremige Konsistenz im Inneren hat. Dieser Salatklassiker bietet die perfekte Gelegenheit, um Salzflocken und grob zerstoßenen Pfeffer zu verwenden. Sie können auch ein schnelles Pestodressing aus Knoblauch, Basilikum, Pinienkernen und Olivenöl zubereiten, das Sie über den Käse und die Tomaten geben, wenn Ihnen der Sinn nach einem intensiveren Aroma steht.

ERGIBT 4 PORTIONEN

4 große, vollreife Tomaten
225 g frischer Büffelmozzarella
1 Bund frisches Basilikum
60 ml Olivenöl
Salz und Pfeffer

1. Die Zutaten zurechtlegen, vorbereiten und abmessen. Die Tomaten entkernen, in Scheiben schneiden und auf einer großen Servierplatte verteilen. Die Tomatenscheiben leicht salzen und beiseite stellen. Den Mozzarella in grobe Stücke reißen. Die Basilikumblätter von den Stängeln zupfen und grob hacken.

2. Den Tomatensaft, der sich gebildet hat, durch leichtes Neigen der Platte abgießen. Die Tomaten auf der Platte anrichten – es ist nicht nötig, sie abzuspülen –, und den Mozzarella und den Basilikum gleichmäßig auf den Tomaten verteilen. Mit etwas Olivenöl beträufeln. Mit Salz und Pfeffer würzen und servieren.

Rosenkohl mit Pecorino und Pinienkernen

Wenn Rosenkohl gehobelt wird, nimmt er eine sehr dezente Note an. Wenn Sie ein gutes, scharfes Messer haben, kann es sehr meditativ sein, in der Küche zu stehen und gedankenversunken vor sich hin zu schnippeln. Aber für alle jene von uns, die keine so versierten Küchenchefs sind, leistet die dünnste Schneidscheibe der Küchenmaschine bei diesem Rezept gute Dienste.

ERGIBT 4 PORTIONEN

450 g Rosenkohl
30 g Pecorino
1 Zitrone
80 g Pinienkerne
60 ml Olivenöl
Salz und Pfeffer

1. Die Zutaten zurechtlegen, vorbereiten und abmessen. Alle braunen oder gelben Blätter vom Rosenkohl entfernen. Den Rosenkohl mit einer Vierkantreibe, Gemüsehobel oder der feinsten Schneidscheibe Ihrer Küchenmaschine möglichst fein hobeln. Auch den Pecorino sehr fein reiben. Dabei sollen Flocken, keine Brocken entstehen. Die Zitrone auspressen.
2. Die Pinienkerne in eine beschichtete Pfanne geben und bei mittlerer Hitze 1–2 Minuten rösten, bis sie goldbraun sind und duften. Sie dürfen auf keinen Fall verkohlen. Die Pinienkerne von der Herdplatte nehmen und in der Pfanne abkühlen lassen.
3. Den gehobelten Rosenkohl mit dem geriebenen Pecorino, 3 EL Zitronensaft und Olivenöl in eine große Schüssel geben. Mit Salz und Pfeffer würzen. Mit den Pinienkernen bestreuen. Sofort servieren.

Quinoa-Taboulé-Salat

Taboulé-Salat wird oft mit zerstoßenem Getreide zubereitet. Diese Version verwendet Quinoa – aus ernährungsphysiologischer Sicht ein wahres Kraftpaket, das kein Getreide ist, sondern eine Form von Samen. Dieses Rezept für Taboulé ist eine Neuinterpretation des klassischen orientalischen Gerichts, das dieselben frischen Aromen enthält wie das Original. Wenn Sie möchten, können Sie einige Scheiben gebratenen Halloumi dazugeben.

ERGIBT 4 PORTIONEN

2 große Tomaten
1 Schalotte
1 Bund glatte Petersilie
1 Stängel frische Minze
1 Zitrone
40 g Pinienkerne
160 g Quinoa
80 ml Olivenöl
2 TL Piment
Salz und schwarzer Pfeffer aus der Mühle

1. Die Zutaten zurechtlegen, vorbereiten und abmessen. Die Tomaten würfeln. Die Schalotte hacken. Die Petersilie und Minzblätter fein hacken. Die Zitrone auspressen und 3 EL Saft abmessen.
2. Die Pinienkerne in eine kleine beschichtete Pfanne geben und bei mittlerer Hitze ca. 2 Minuten rösten, bis sie goldbraun sind und duften. Sie dürfen auf keinen Fall verkohlen. Die Pinienkerne von der Herdplatte nehmen und in der Pfanne abkühlen lassen.
3. In einem kleinen Topf 500 ml Salzwasser zum Kochen bringen. Die Quinoa hineingeben, den Topf zudecken, die Hitze auf niedrige Stufe schalten und 15–20 Minuten kochen, bis die Quinoa kleine »Schwänzchen« bildet. Den Topf von der Herdplatte nehmen. Falls das Wasser nicht vollständig verdampft ist, die Quinoa in einem sehr feinen Sieb abtropfen lassen. Die Pfanne oder das Sieb unbedeckt beiseite stellen.
4. In der Zwischenzeit in einer großen Schüssel die Tomaten und Schalotten mit dem Zitronensaft vermengen. Petersilie und Minze dazugeben, das Olivenöl einrühren. Mit Piment, Salz und Pfeffer würzen.
5. Die Quinoa unter die Tomaten-Petersilie-Mischung heben. Mit gerösteten Pinienkernen bestreuen.

Salat aus Burrata, Spargel und Radieschen mit Limetten-Vinaigrette

Wenn Sie noch nie Burrata gekostet haben, wird dieser Salat eine kulinarische Offenbarung für Sie sein. Burrata ist ein Mozzarella, der aus Kuh- oder Büffelmilch und Sahne hergestellt wird. Diese Kombination ergibt eine Mozzarella-Kugel, die außen fest und innen herrlich cremig ist. Lassen Sie sich diese Köstlichkeit mit hauchdünn geschnittenem knackigen Gemüse und einem frischen Limettendressing auf der Zunge zergehen. Ein Gedicht!

ERGIBT 4 PORTIONEN

SALAT

1 Bund grüner Spargel
12 Radieschen
1 Gurke
225 g Burrata

LIMETTEN-VINAIGRETTE

1 Limette
6 EL Olivenöl
1 EL Weißweinessig
Salz und Pfeffer

1. Die Zutaten zurechtlegen, vorbereiten und abmessen. Den Spargel mit einem Gemüseschäler oder einem Gemüsehobel in lange, dünne Streifen schneiden. Die Radieschen und die Gurke mit einem Messer in dünne Scheiben schneiden. Den Burrata in grobe Stücke reißen. Die Schale der Limette dünn abreiben (evtl. mit einem Zestenreißer) und den Saft auspressen.
2. Den Spargel, die Radieschen und die Gurke gleichmäßig auf vier Teller anrichten. Den Burrata darüber verteilen.
3. Für die Vinaigrette in einer kleinen Schüssel 1 TL Limettenschale mit 1 EL Limettensaft, Olivenöl und Essig verrühren. Mit Salz und Pfeffer würzen und über den Salat geben. Sofort servieren.

Salat aus Huhn, Avocado und Gruyère

Ein Salat aus gehackten Zutaten bietet sich an, wenn Gäste zu Besuch kommen oder wenn man in der Mittagspause eine gesunde, leichte Mahlzeit essen will. Es lohnt sich, das Huhn kurz vor dem Verzehr zu kochen, weil es frisch aus der Pfanne am saftigsten ist. Aber die Kombination aus cremiger Avocado, würzigem Gruyère und saftigem Huhn ist immer eine leckere Proteinbombe – ganz gleich, wo Sie sie gerade essen.

ERGIBT 4 PORTIONEN

SALAT

450 g Hühnerbrustfilet ohne Haut und Knochen
1 Avocado
450 g Snack- oder Kirschtomaten
100 g Gruyère
2 EL Olivenöl
2 TL getr. Oregano
2 Handvoll Rucola
Salz und Pfeffer

DRESSING

1 Zitrone
1 Knoblauchzehe
60 ml Olivenöl
2 EL Mayonnaise
1 TL Dijonsenf

1. Die Zutaten zurechtlegen, vorbereiten und abmessen. Das Hühnerfleisch würfeln. Die Avocado halbieren, den Kern entfernen, das Fruchtfleisch herauslösen und in grobe Stücke schneiden. Die Tomaten halbieren. Den Gruyère reiben. Für das Dressing die Zitrone auspressen und den Knoblauch hacken.

2. In einer schweren Pfanne 2 EL Olivenöl bei mittlerer bis hoher Hitze erwärmen. Die Hühnerbrustfilets hineingeben und mit Oregano, Salz und Pfeffer würzen. Die Filets 8–10 Minuten unter gelegentlichem Wenden sautieren, damit sie von allen Seiten gar werden. Die Pfanne von der Herdplatte nehmen und die Filets in der Pfanne abkühlen lassen.

3. Für das Dressing in einer kleinen Schüssel 1 EL Zitronensaft mit Knoblauch, Olivenöl, Mayonnaise und Senf verrühren. Mit Salz und Pfeffer würzen.

4. Den Rucola auf einer großen Servierplatte anrichten und das Dressing darüber geben. Die Hühnerbrustfilets, Avocado- und Tomatenstücke auf dem Rucolabett verteilen Mit dem Gruyère bestreuen und mit Salz und Pfeffer abschmecken.

Spargel-Mimosa mit Champagner-Vinaigrette

Hier gibt es jede Menge Anspielungen! Eine Mimose ist eine Blume mit weiß-gelben Blütenblättern, die somit dieselben Farben hat wie das geriebene hartgekochte Ei, das über den tiefgrünen Spargel des Mimosa-Salats gestreut wird. Mimosa ist auch ein klassischer Cocktail, der oft zum Brunch gereicht und in diesem Rezept durch die Vinaigrette aus Champagneressig und Orangensaft repräsentiert wird.

ERGIBT 4 PORTIONEN

2 Bund grüner Spargel
6 Stängel Schnittlauch
2 große Eier
1 EL Champagneressig
125 ml Olivenöl
2 EL frischer Orangensaft
Salz und Pfeffer

1. Die Zutaten zurechtlegen, vorbereiten und abmessen. Die holzigen Enden der Spargelstangen abschneiden. Den Schnittlauch in feine Röllchen schneiden.
2. Die Eier in einen kleinen Topf mit kaltem Wasser geben und zugedeckt zum Kochen bringen. Den Topf sofort von der Herdplatte nehmen und die Eier 12 Minuten im heißen Wasser ziehen lassen.
3. In der Zwischenzeit den Spargel in einen Topf geben, so viel kaltes Wasser hineingeben, dass die Spargelstangen bedeckt sind, und das Wasser zum Kochen bringen. Den Spargel 5 Minuten ohne Deckel kochen, das Wasser abgießen und den Spargel auf einem sauberen Küchentuch trocknen lassen.
4. Die Eier mit einer Schaumkelle aus dem Wasser heben und vorsichtig auf der Arbeitsplatte ausrollen, damit die Schale bricht. Die Eier schälen, unter fließendem Wasser abspülen und beiseite stellen.
5. In einer kleinen Schüssel den Essig mit dem Olivenöl und Orangensaft verrühren. Mit Salz und Pfeffer würzen.
6. Den Spargel auf einer Servierplatte anrichten. Mit etwas Champagner-Vinaigrette beträufeln. Die hartgekochten Eier durch ein feines Sieb drücken oder eine feine Reibe verwenden, damit die Eier möglichst fein über dem Spargel verteilt werden können. Mit Salz und Pfeffer abschmecken. Die Schnittlauchröllchen über den Spargel streuen und sofort servieren.

Salat aus Rucola, Feigen und Walnüssen mit Speck-Vinaigrette

In vielen Ländern gibt man Speck – Speckwürfel, Pancetta oder Grieben – in den Salat. Was spricht also dagegen, ein Salatdressing mit diesem leckeren Fett zu verfeinern? Es verleiht dem Gericht eine geschmackliche Tiefe und salzige Note, die die Nüsse und den Salat perfekt ergänzen und ein erstaunlich einfaches, aber überaus schmackhaftes Hauptgericht ergeben.

ERGIBT 4 PORTIONEN

SALAT

4 frische Feigen oder 8 Trockenpflaumen oder -aprikosen
80 g Parmesan
70 g Walnüsse, halbiert oder gehackt
3 Scheiben Speck
160 g Rucola

SPECK-VINAIGRETTE

2 EL Fett aus ausgelassenem Speck
6 EL Olivenöl
2 EL Weißweinessig
1 EL Dijonsenf
Salz und Pfeffer

1. Die Zutaten zurechtlegen, vorbereiten und abmessen. Die Feigen der Länge nach vierteln (oder die Trockenpflaumen oder -aprikosen der Länge nach halbieren). Den Parmesan mit einem Gemüseschäler oder einem Käsehobel in dünne Streifen schneiden.

2. Die Walnüsse in eine ungefettete Pfanne geben und bei mittlerer Hitze etwa 5 Minuten rösten, bis sie anfangen zu duften. In der Pfanne abkühlen lassen.

3. In einer anderen Pfanne den Speck bei mittlerer Hitze ca. 15 Minuten braten, bis das Fett ausgelassen ist. Das flüssige Fett in eine hitzebeständige Schale füllen. Den Speck mit Küchenpapier abtupfen und zerbröckeln, sobald er ausreichend abgekühlt ist.

4. Für die Vinaigrette 2 EL Speckfett, Olivenöl, Essig, Senf, Salz und Pfeffer in eine kleine Schüssel geben. Mit einem Schneebesen schaumig schlagen und bei Bedarf 1 TL Olivenöl oder Essig hinzugeben, damit eine homogene Masse entsteht. Die Vinaigrette falls nötig mit mehr Salz und Pfeffer abschmecken.

5. Den Rucola in eine große Salatschüssel geben. Die Vinaigrette hinzugeben und alles vorsichtig unterheben. Feigen (oder Trockenobst), Parmesan, Walnüsse und Speck gleichmäßig auf dem Salat verteilen. Den Salat nicht weiter verrühren, weil die kleinen Stücke sonst auf den Boden der Salatschüssel fallen. Sofort servieren.

Geröstete und rohe Salate: Pilze und Fenchel, Rote Bete und Karotten

Das Rösten von Gemüse verleiht ihm eine geschmackliche Tiefe, die in Kombination mit rohem Blattgemüse einen sättigenden und schmackhaften Salat ergibt. Verwenden Sie feste Gemüsesorten, die nach dem Rösten ihre Form beibehalten. Probieren Sie grüne Bohnen, gelbe Rüben, Süßkartoffeln oder Pastinaken. Lassen Sie Ihrer Kreativität freien Lauf und verwenden Sie die unterschiedlichsten Kräuter und Gewürze – der Salat wird jedes Mal ein wenig anders schmecken.

ERGIBT 4 PORTIONEN

EINFACHE VINAIGRETTE

1 Zitrone
1 EL Olivenöl
1 TL Dijonsenf
Salz und Pfeffer

1. Die Zutaten zurechtlegen und vorbereiten. Die Zitrone auspressen.
2. In einer kleinen Schüssel 2 EL Zitronensaft mit Olivenöl und Senf verrühren. Mit Salz und Pfeffer abschmecken. Bei Bedarf mehr Olivenöl (oder Zitronensaft) hinzugeben. Beiseite stellen.

Pilze und Fenchel

2 Fenchelknollen
450 g kleine Champignons
3 Zweige frischer Thymian
2 EL Olivenöl
1 Portion Einfache Vinaigrette (siehe S. 82)
225 g gemischter Blattsalat
Salz und Pfeffer

1. Die Zutaten zurechtlegen, vorbereiten und abmessen. Den Fenchel vierteln und in ca. 1 cm dicke Scheiben schneiden. Das Fenchelgrün hacken und die holzigen Strünke entfernen. Die Pilze putzen, abtrocknen und halbieren. Die Thymianblätter von den Zweigen streifen, die Zweige entsorgen. Den Ofen auf 260 °C vorheizen.
2. Den Fenchel und die Pilze mit dem Thymian und Olivenöl in eine Schüssel geben. Mit Salz und Pfeffer würzen. Die Gemüse-Pilz-Mischung auf einem mit Backpapier ausgelegten Backblech verteilen und ohne Wenden 20 Minuten rösten, bis sie gebräunt und gar ist.
3. Die Einfache Vinaigrette unter das Gemüse heben und alles abkühlen lassen.
4. Das geröstete Gemüse mit dem gemischten Blattsalat vermengen und auf 4 Tellern anrichten.

Rote Bete und Karotte

450 g Rote Bete
450 g Karotten
1 TL Kreuzkümmelsamen
2 EL Olivenöl
1 Portion Einfache Vinaigrette (siehe S. 82)
225 g gemischter Blattsalat
Salz und Pfeffer

1. Die Zutaten zurechtlegen, vorbereiten und abmessen. Die Rote Bete schälen und in ca. 1 cm dicke Scheiben schneiden. Die Karotten schälen und in ca. 1 cm dicke Scheiben schneiden. Den Ofen auf 260 °C vorheizen.
2. Die Rote Bete und Karotten mit dem Kreuzkümmel und Olivenöl in eine Schüssel geben. Mit Salz und Pfeffer würzen. Die Gemüsemischung auf einem mit Backpapier ausgelegten Backblech verteilen und ohne Wenden 20 Minuten rösten, bis sie gebräunt und gar ist.
3. Die Einfache Vinaigrette unter das Gemüse heben und alles abkühlen lassen.
4. Das geröstete Gemüse mit dem gemischten Blattsalat vermengen und auf 4 Tellern anrichten.

Zweierlei Krautsalat mit Crème fraîche

Kohl ist ein Kreuzblütengewächs, das botanisch mit Brokkoli, Rosenkohl und Grünkohl verwandt ist. Er ist sehr nahrhaft und ballaststoffreich und darüber hinaus die perfekte knackige Zutat für diese unkonventionelle Neuinterpretation des Coleslaw, bei der statt der üblichen Fertigmayonnaise Crème fraîche verwendet wird. Sie können anstelle der Crème fraîche auch saure Sahne benutzen.

ERGIBT 4 PORTIONEN

225 g Rotkohl
225 g Wirsing
3 Karotten
1 Frühlingszwiebel
125 g Crème fraîche
2 EL Olivenöl
2 EL Apfelessig
1 TL Selleriesaat
Salz und Pfeffer

1. Die Zutaten zurechtlegen, vorbereiten und abmessen. Den Kohl und Wirsing mit einem Messer, einem Gemüsehobel oder der Schneidscheibe Ihrer Küchenmaschine sehr fein hobeln. Die Karotten mit einer Vierkantreibe oder einem Gemüsehobel raspeln. Den weißen Teil der Frühlingszwiebel in feine Ringe schneiden.
2. Das Gemüse in eine große, säurebeständige Schüssel geben.
3. In einer kleinen Schüssel die Crème fraîche mit Olivenöl, Essig und Selleriesaat verrühren. Das Dressing mit Salz und Pfeffer würzen, über das gehobelte Gemüse geben und alles gut vermengen.
4. Die Schüssel abdecken und den Salat vor dem Servieren mindestens 1 Stunde kühl stellen.

GEMÜSE

Asiatisches Blattgemüse mit Sesamöl und Miso

Miso ist eine Paste aus fermentierten Sojabohnen. Es verleiht dieser kurzgebratenen Beilage ihren pikanten Umami-Geschmack. Da sich jede Art von dunklem Blattgemüse auf diese Weise zubereiten lässt, ist es nicht weiter problematisch, wenn Sie kein asiatisches Gemüse im Supermarkt finden. Sowohl Tamari als auch Miso sind sehr salzig, deshalb müssen Sie das Gericht nicht noch zusätzlich salzen.

ERGIBT 4 PORTIONEN

- 1 Limette
- 1 Knoblauchzehe
- 2 Frühlingszwiebeln
- 450 g Kai-lan (chinesischer Brokkoli) oder Pak Choi
- 2 EL Tamari
- 1 EL Miso-Paste
- 1 TL geröstetes Sesamöl
- 1 EL Erdnussöl

1. Die Zutaten zurechtlegen, vorbereiten und abmessen. Die Schale der Limette dünn abreiben (evtl. mit einem Zestenreißer) und den Saft auspressen. Die weißen und grünen Teile der Frühlingszwiebeln in feine Ringe schneiden und separat beiseite legen. Die holzigen Strünke des Kai-lan oder Pak Choi entfernen und den Rest in mundgerechte Stücke schneiden.
2. Die Limettenschale, 1 EL Limettensaft, Tamari, Miso und Sesamöl in einer kleinen Schüssel verrühren und beiseite stellen.
3. In einem großen Wok oder einer Pfanne das Erdnussöl bei mittlerer Hitze erwärmen, bis es schimmert, aber noch nicht raucht. Den Knoblauch und die weißen Teile der Frühlingszwiebeln hineingeben. Den Kai-lan oder Pak Choi hinzufügen und unter häufigem Rühren ca. 5 Minuten braten, bis es weich ist. Die Sesam-Miso-Soße einrühren und weitere 2 Minuten garen, ohne umzurühren.
4. Das Gemüse und den ausgetretenen Saft aus dem Wok oder der Pfanne auf eine Servierplatte geben und die grünen Teile der Frühlingszwiebel darüber verteilen. Sofort servieren.

Blattgemüse mit Kokosmilch

Dieses Blattgemüse wärmt und sättigt und passt bestens zu Schinken oder gegrilltem Huhn. Der geschmacksintensive Doppelpack aus Ingwer und Knoblauch wird durch die sämige Kokosmilch abgemildert und erhält durch die Limette eine feine säuerliche Note. Sie können die Kohlblätter durch Kai-lan (chinesischen Brokkoli) oder Pak Choi ersetzen.

ERGIBT 4 PORTIONEN

2 Schalotten
2 Knoblauchzehen
2,5 cm frischer Ingwer
1 Bund Kohlblätter
2 EL Traubenkernöl
1 Dose Kokosmilch (400 ml)
2 TL Limettensaft
Salz und Pfeffer

1. Die Zutaten zurechtlegen, vorbereiten und abmessen. Die Schalotten grob hacken. Den Knoblauch hacken. Den Ingwer reiben. Die Kohlblätter in Streifen schneiden.
2. In einer großen Pfanne das Traubenkernöl bei mittlerer Hitze erwärmen. Die Schalotten, den Knoblauch und den Ingwer hineingeben und ca. 5 Minuten braten, bis sie anfangen zu duften. Mit Salz und Pfeffer würzen.
3. Die Kokosmilch zufügen und alles erhitzen, bis es dampft. Die Kohlblätter hineingeben und ca. 12 Minuten kochen, bis sie zusammengefallen sind, die Kokosmilch eingekocht ist und sich an der Oberfläche ein Film gebildet hat.
4. Das Gemüse auf eine Servierplatte geben, mit Limettensaft beträufeln und vorsichtig unterheben. Bei Bedarf mit mehr Salz und Pfeffer abschmecken. Sofort servieren.

Gebackene Kirschtomaten mit Basilikumstreifen

Dieses einfache Rezept schmeckt genauso lecker, wie es aussieht. Weil frische Basilikumstreifen zu den Tomaten kommen, während sie noch warm sind, verliert das Basilikum weder seine herrlich frische Farbe noch seinen prägnanten Geschmack. Sie können die doppelte Menge vorbereiten und die Hälfte pürieren, um sie als Soße oder Würze zu verwenden. Die gebackenen Kirschtomaten sind die perfekte Beilage für gegrilltes Huhn.

ERGIBT 4 PORTIONEN

450 g Kirsch- oder Snacktomaten
1 Knoblauchzehe
1 kleine Handvoll Basilikumblätter
1 EL Butter
1 EL Olivenöl
Salz und Pfeffer

1. Die Zutaten zurechtlegen, vorbereiten und abmessen. Die Tomaten halbieren. Den Knoblauch hacken. Die Basilikumblätter übereinanderlegen und in dünne Streifen schneiden.
2. Die Butter mit dem Olivenöl in einer schweren Sautierpfanne bei mittlerer Hitze ca. 2 Minuten erwärmen, bis die Butter zu schäumen beginnt. Die Tomaten und den Knoblauch hinzugeben und mit Salz und Pfeffer würzen. Alles ca. 30 Sekunden verrühren, die Hitze auf niedrige Stufe schalten und ohne Deckel 15–20 Minuten kochen, bis der Tomatensaft weitgehend verdampft ist und die Tomaten leicht karamellisiert sind.
3. Die warmen Tomaten auf einen Servierteller geben, mit Basilikumblättern bestreuen und mit einem großen Löffel Saft aus der Pfanne sofort servieren.

Gegrillter Brokkoli mit Chili-Knoblauch-Öl

Das Geheimnis dieses Rezepts besteht darin, die Zutaten separat zu kochen. Lassen Sie den Knoblauch und die Chilischoten im Olivenöl ziehen oder pochieren, und braten Sie den Brokkoli bei hoher Temperatur scharf an.

ERGIBT 4 PORTIONEN

450 g Brokkoli
2 Knoblauchzehen
2 rote Chilischoten, mild oder scharf
1 Zitrone
5 EL Olivenöl
Salz und Pfeffer

1. Die Zutaten zurechtlegen, vorbereiten und abmessen. Den Brokkoli in mundgerechte Stücke zerteilen, dabei aber einen kleinen Rest des Strunks an den Röschen lassen. Den Knoblauch in dünne Scheiben schneiden. Die Chilischoten in feine Ringe schneiden. Die Zitrone in Schnitze schneiden.
2. Eine große Schüssel mit Eiswasser füllen. Einen großen Topf mit Salzwasser zum Kochen bringen, den Brokkoli hineingeben und 3 Minuten blanchieren. Den Brokkoli in einem Sieb abtropfen lassen und das Sieb in das vorbereitete Eiswasser stellen, um den Garvorgang zu unterbrechen. Den Brokkoli abtropfen und die Röschen trocknen lassen.
3. In einem kleinen Topf 3 EL Olivenöl bei mittlerer Hitze erwärmen. Den Knoblauch und die Chilischoten hineingeben. Mit Salz und Pfeffer würzen. Die Hitze auf niedrige Stufe schalten und die Gewürze 3–5 Minuten anbraten, damit sich alle Aromen vermischen. Der Knoblauch darf allerdings nicht dunkelbraun werden. Den Topf von der Herdplatte nehmen und beiseite stellen.
4. Während die Chilischote und der Knoblauch im Öl ziehen, den Brokkoli mit 2 EL Olivenöl, Salz und Pfeffer vermischen. Eine ungefettete Grillpfanne erhitzen, bis sie sehr heiß ist, eine Handvoll Brokkoli hineingeben und ohne Umrühren ca. 4 Minuten rösten, bis er an manchen Stellen gut gebräunt ist. Den gerösteten Brokkoli mit einem Schaumlöffel in eine große Schüssel heben. Den restlichen Brokkoli auf dieselbe Weise rösten.
5. Das Chili-Knoblauch-Öl über den fertig gegrillten Brokkoli geben und alles mit Salz und Pfeffer abschmecken. Den Brokkoli auf 4 Teller verteilen und mit Zitronenschnitzen servieren, weil der Zitronensaft die feinen Röstaromen stärker zur Geltung bringt.

Rosenkohl mit Dijonsenf-Knoblauch-Butter

Damit dieses Rezept gelingt, brauchen Sie viel Rosenkohl, den Sie in sehr feine Scheiben schneiden müssen. Sie brauchen Geduld und ein scharfes Messer, aber die Mühe lohnt sich. Sie können auch die Schneidscheibe einer Küchenmaschine benutzen, nicht aber die Raspel- oder Reibscheibe – denn damit wird der Rosenkohl zu fein. Das Rezept eignet sich auch für Wirsing.

ERGIBT 4 PORTIONEN

1 Knoblauchzehe
1 Frühlingszwiebel
6 Stängel glatte Petersilie
450 g Rosenkohl
60 g zimmerwarme Butter
2 EL Dijonsenf oder grobkörniger Senf
Salz und Pfeffer

1. Die Zutaten zurechtlegen, vorbereiten und abmessen. Den Knoblauch und die Frühlingszwiebel hacken. Die holzigen Strünke vom Rosenkohl entfernen und Rosenkohl per Hand oder mit der Küchenmaschine in feine Scheiben schneiden. Petersilie grob zerpflücken.

2. In einer kleinen Schüssel die Butter mit dem Knoblauch, den Zwiebeln und dem Senf verrühren. Die Mischung großzügig mit Salz und Pfeffer abschmecken. Die Knoblauchbutter abdecken und für 1 Stunde in den Kühlschrank stellen.

3. Die Hälfte der Knoblauchbutter in einer großen Pfanne bei mittlerer bis hoher Temperatur schmelzen. Eine Handvoll Rosenkohl hineingeben und einfallen lassen. Auf diese Weise fortfahren, bis der gesamte Rosenkohl in der Pfanne ist (nicht zu viel auf einmal hineingeben). Den Rosenkohl 5–7 Minuten sautieren, bis er an den Rändern goldbraun wird. Die verbleibende Butter hinzugeben und schmelzen lassen. Mit Salz und Pfeffer abschmecken.

4. Rosenkohl auf einen Teller geben, Petersilie darüberstreuen und servieren.

Gerösteter Blumenkohl mit Kurkuma und Tahinisoße

Gerösteter Blumenkohl schmeckt herrlich nussig. Wenn er in Tahin gedippt oder damit beträufelt wird, ist dieses Gericht eine Mahlzeit für sich; er eignet sich aber auch gut als Beilage. Wenn Ihre Lieben Gemüse verschmähen, können Sie versuchen, sie mit diesem Rezept umzustimmen. Vielleicht stellen sie erstaunt fest, dass Blumenkohl hervorragend schmeckt!

ERGIBT 4–8 PORTIONEN (HAUPTGERICHT ODER BEILAGE)

BLUMENKOHL

2 Blumenkohlköpfe
3 Stängel frischer Koriander
2 Stängel frische Minze
180 ml Olivenöl
1 EL Kreuzkümmelsamen
2 TL gem. Kurkuma
Salz und Pfeffer

TAHINISOSSE

2 Knoblauchzehen
2–3 TL Salz
125 g Tahini
80 ml Zitronensaft
60 ml Wasser
60 ml Olivenöl

1. Die Zutaten zurechtlegen, vorbereiten und abmessen. Den Blumenkohl in Röschen zerteilen und auf zwei mit Backpapier ausgelegte Backbleche verteilen. Das Koriandergrün und die Minze grob hacken. Den Ofen auf 220 °C vorheizen.
2. Olivenöl, Kreuzkümmel, Kurkuma, Salz und Pfeffer in eine kleine Schale geben und alles gut verrühren. Das gewürzte Olivenöl über den Blumenkohl geben und alles gut durchschütteln, damit die Röschen von allen Seiten mit Öl benetzt werden. Etwa 45 Minuten rösten und gelegentlich kontrollieren, dass der Blumenkohl nicht anbrennt. Den Blumenkohl nur wenden, wenn eine gleichmäßige Bräunung erwünscht ist. Ich persönlich ziehe es vor, wenn eine Seite dunkler ist – außerdem ist das auch weniger arbeitsaufwendig!
3. Für die Tahinisoße die Knoblauchzehen in einen Mörser geben oder auf ein Holzbrett legen. Den Knoblauch mit dem Stößel oder Messerrücken zerdrücken, teelöffelweise Salz hinzufügen und eine Paste herstellen. Die Knoblauchpaste in einer kleinen Schüssel mit Tahini, Zitronensaft, Wasser und Olivenöl verrühren. Die Soße beiseite stellen.
4. Die gehackten Kräuter über den Blumenkohl streuen, alles behutsam durchschütteln, das Gemüse auf einer großen Servierplatte oder 4 Teller anrichten, und die Tahinisoße in einem kleinen Schälchen reichen.

Piperade

Zucchini ist in einer klassischen Piperade nicht immer enthalten, aber diese Version ist von Julia Child inspiriert, deren Buch *Französisch kochen* viele kulinarische Standards neu definiert hat. Sie werden in dieser ursprünglich aus der Provence stammenden Beilage aber immer Zwiebeln, Knoblauch und Paprika finden sowie eine großzügige Menge Olivenöl zum Kochen und Abschmecken.

ERGIBT 4 PORTIONEN

2 Zwiebeln
2 Knoblauchzehen
450 g Zucchini
2 rote Paprikaschoten
1 gelbe oder orange Paprikaschote
4 Stängel Basilikum
3 EL Olivenöl
Salz und Pfeffer

1. Die Zutaten zurechtlegen, vorbereiten und abmessen. Die Zwiebel in Scheiben schneiden. Den Knoblauch hacken. Die Strünke der Zucchini entfernen und den Rest in 1 cm breite Stifte schneiden. Die Paprikaschoten halbieren, entkernen und in 1 cm breite Streifen schneiden. Die Basilikumblätter übereinanderlegen und in dünne Streifen schneiden.

2. In einer großen Sautierpfanne 1 EL Olivenöl bei mittlerer Hitze erwärmen. Die Zwiebeln unter gelegentlichem Rühren 12–15 Minuten sautieren, bis sie goldbraun und gar sind. Mit Salz und Pfeffer würzen.

3. Die übrigen 2 EL Olivenöl und Knoblauch dazugeben. Die Zucchini- und Paprikastücke hinzufügen und mit Salz und Pfeffer abschmecken. Das Gemüse unter gelegentlichem Rühren weitere 12–15 Minuten kochen, bis es gebräunt, aber nicht verkohlt ist. Garen Sie es so lange, bis die Flüssigkeit weitgehend verdampft ist. Das Gemüse sollte am Schluss saftig, aber nicht nass sein.

4. Die Piperade auf eine Servierplatte geben und mit Basilikum bestreuen. Bei Bedarf einen weiteren EL Olivenöl hinzugeben. Das Gericht heiß oder bei Zimmertemperatur servieren.

Rote Bete mit Blättern

Rote Bete samt ihrer Blätter ist nicht nur geschmacklich, sondern auch optisch ein Genuss. Die Idee für diese Beilage stammt von Jamie Kennedy, einem Koch aus Toronto, der dafür bekannt ist, originelle Neuinterpretationen traditioneller Gerichte zu kreieren. Die natürliche Süße der Roten Bete wird durch das Tamari ausgeglichen, das dem Salat seinen Umami-Geschmack verleiht.

ERGIBT 4 PORTIONEN

4 bis 6 Handvoll Blätter der Roten Bete
8 kleine bis mittelgroße Knollen der Roten Bete
1 EL Apfelessig
1 TL Tamari
3 EL Olivenöl
Salz und Pfeffer

1. Die Zutaten zurechtlegen, vorbereiten und abmessen. Das Blattgemüse waschen. Den Backofen auf 175 °C vorheizen.
2. Die Rote Bete säubern, die Knollen großzügig auf einem Backblech verteilen, gut mit Alufolie bedecken und im Ofen ca. 90 Minuten rösten, bis sie gar sind. Abkühlen lassen, dann schälen und in Scheiben schneiden.
3. Einen kleinen Topf mit Salzwasser zum Kochen bringen, die Blätter hineingeben und 5 Minuten blanchieren. Das Wasser abgießen, die Blätter auspressen und hacken.
4. In einer kleinen Schüssel Essig und Tamari verrühren. Die Rote-Bete-Scheiben auf einem Servierteller anrichten und mit der Essig-Tamari-Mischung beträufeln. Das Blattgemüse auf den Knollen verteilen. Abschließend etwas Olivenöl darüber geben und mit Salz und Pfeffer würzen. Sofort servieren.

Saag Paneer

Auf Hindi bedeutet Saag Paneer »Blattgemüse mit Hüttenkäse«. Paneer ist eine Art Frischkäse, der unserem Hüttenkäse optisch und geschmacklich sehr ähnelt. Saag Paneer ist in der indischen Küche eine beliebte Beilage und duftet wunderbar nach den Gewürzen und Aromen, die normalerweise auch in Currys verwendet werden.

ERGIBT 4 PORTIONEN

450 g Spinat
450 g Paneer
1 Zwiebel
2 Knoblauchzehen
5 cm frischer Ingwer
1 grüne Chilischote
1 Zitrone
2 EL Ghee (geklärte Butter)
1 TL Chilipulver oder Cayennepfeffer
1 TL gem. Kurkuma
1 TL Garam Masala
Salz und Pfeffer

1. Die Zutaten zurechtlegen, vorbereiten und abmessen. Den Spinat waschen und hacken. Den Paneer und die Zwiebeln würfeln. Knoblauch, Ingwer und Chilischote grob hacken. Zwiebeln, Knoblauch, Ingwer und Chili in einen Mixer geben und die Zutaten zu einer homogenen Masse verarbeiten. Die Zitrone vierteln.
2. In einer beschichteten Pfanne den Spinat bei mittlerer bis hoher Hitze kurz in dem Wasser dünsten, das ihm nach dem Abspülen noch anhaftet. Den Spinat mit einem Schaumlöffel aus der Pfanne heben und abkühlen lassen. Sobald der Spinat ausreichend abgekühlt ist, die Blätter auspressen.
3. Das Ghee in einer sauberen Pfanne bei mittlerer bis hoher Hitze erwärmen. Chilipulver (oder Cayennepfeffer) und Kurkuma hineingeben und die Gewürze 1 Minute unter häufigem Rühren anbraten, bis sie anfangen zu duften. Den Paneer hinzufügen und 2 Minuten sautieren, bis er von allen Seiten leicht angebräunt ist. Den Paneer auf einen Teller geben und die Gewürze in der Pfanne lassen.
4. Die Pfanne wieder auf die Herdplatte stellen und diese auf mittlere Stufe schalten. Die Zwiebelmischung hineingeben und unter gelegentlichem Rühren 5–7 Minuten garen, bis sie weich und goldbraun ist. Den gedünsteten Spinat hineinrühren. Mit Garam Masala, Salz und Pfeffer würzen. Den gekochten Paneer hinzufügen und warm werden lassen.
5. Den Saag Paneer auf 4 Schalen verteilen und mit Zitronenschnitzen servieren.

Schmorlauch mit Pilzen und Pancetta

Lauch, der in Hühnerbrühe geschmort wird, schmeckt herrlich mild und wird durch die herzhaften Pilze und die salzige Pancetta bestens ergänzt. Lassen Sie sich Zeit und kochen Sie den Lauch so lange, bis er wirklich zart ist. Servieren Sie dieses Gericht als leichtes Hauptgericht oder als Beilage zu Fisch oder Huhn.

ERGIBT 4 PORTIONEN

100 g Pancetta
2 Stangen Lauch, weiße und grüne Teile
450 g gemischte Pilze
1 Zitrone
2 Zweige frischer Thymian
1 TL Olivenöl
175 ml Klassische Hühnerbrühe (Seite 186)
Salz und Pfeffer

1. Die Zutaten zurechtlegen, vorbereiten und abmessen. Die Pancetta hacken. Die holzigen grünen Enden vom Lauch entfernen, den Lauch sorgfältig abspülen und in große Stücke schneiden. Die Pilze putzen und vierteln. Die Schale der Zitrone dünn abreiben (evtl. mit einem Zestenreißer). Die Thymianblätter von den Zweigen streifen.
2. In einer großen schweren Pfanne das Olivenöl bei mittlerer Hitze erwärmen und die Pancetta ca. 5 Minuten anbraten, bis sie knusprig wird und das Fett schmilzt. Den Lauch dazugeben und alles etwa 7 Minuten braten, bis das Gemüse weich ist. Den Lauch mit der Pancetta in eine Schüssel geben und beiseite stellen.
3. Die Pilze zu dem Fett in der Pfanne geben und bei mittlerer Hitze ca. 5 Minuten sautieren, bis ihre Flüssigkeit verdampft ist und sie langsam braun werden. 2 EL Thymian und 1 EL Zitronenschale hinzufügen. Großzügig mit Salz und Pfeffer würzen.
4. Die Pancetta und den Lauch wieder in die Pfanne geben. Die Hühnerbrühe hineingeben und aufkochen lassen. Die Hitze auf niedrige Stufe schalten und ohne Deckel 20 Minuten köcheln lassen, bis die Flüssigkeit weitgehend verdampft ist. Mit Salz und Pfeffer abschmecken.
5. Auf 4 Teller verteilen und heiß servieren.

Stängelkohl mit Chili und Knoblauch

Stängelkohl besticht durch eine leicht bittere Note, eine kernige Konsistenz und eine Fülle intensiver mediterraner Aromen. Um das Gericht pikanter zu machen, füge ich dem Knoblauch und Chili manchmal in Olivenöl eingelegte Sardellen oder Oliven (aus dem Kühlregal) hinzu. Stängelkohl enthält lösliche Ballaststoffe, die die Verdauung verlangsamen und helfen, den Insulinspiegel zu stabilisieren. Wenn Sie keinen Stängelkohl im Supermarkt finden, können Sie auch die gleiche Menge Brokkoli benutzen. Dieses Gemüse kann als sättigendes Hauptgericht oder als Beilage serviert werden.

ERGIBT 4 PORTIONEN

450 g Stängelkohl
2 Knoblauchzehen
60 ml Olivenöl
getr. Chiliflocken
½ Zitrone
Salz und Pfeffer

1. Die Zutaten zurechtlegen, vorbereiten und abmessen. Die holzigen Strünke des Stängelkohls entfernen und die Blätter grob hacken. Den Knoblauch zerstoßen.
2. In einem großen Topf Salzwasser zum Kochen bringen, den Stängelkohl hineingeben und 2–4 Minuten blanchieren, bis er seine Farbe verändert. Das Wasser abgießen und den Stängelkohl auf einem sauberen Küchentuch trocknen lassen. Beiseite stellen.
3. In einer großen, schweren Pfanne das Olivenöl bei mittlerer bis hoher Hitze erwärmen, bis es schimmert, aber noch nicht raucht. Den Knoblauch und nach Belieben getrocknete Chiliflocken hinzufügen und 30 Sekunden braten. Den Stängelkohl dazugeben und mit Salz und Pfeffer würzen. 60 ml Wasser hineingießen und alles unter häufigem Rühren ca. 4 Minuten garen, bis der Stängelkohl zusammenfällt und das Wasser größtenteils verdampft ist.
4. Den Stängelkohl auf eine Servierplatte geben und die halbe Zitrone darüber auspressen. Das Gemüse bei Bedarf mit mehr Salz, Pfeffer oder Chiliflocken und einem Spritzer Olivenöl abschmecken. Heiß oder zimmerwarm servieren.

Thai-Gemüsecurry

Während Sie in einem authentischen thailändischen Rezept sicher keine Maiskörner vorfinden werden, sorgt dieser schmackhafte Zusatz für eine Knackigkeit und Süße, die einen guten Kontrast zu den saftigen Kichererbsen und Pilzen bilden. Betrachten Sie dieses Rezept als ein von der Thai-Küche inspiriertes Hauptgericht für hungrige Surfer – die auf Wellen reiten oder sich im World Wide Web bewegen.

ERGIBT 4 PORTIONEN

1 Zwiebel
2 Knoblauchzehen
225 g weiße oder braune Pilze
2,5 cm frischer Ingwer
1 rote Chilischote
1 Limette
4 bis 6 Handvoll Grünkohlblätter
1 Bund Thai-Basilikum oder normaler Basilikum
1 EL Olivenöl
1 Dose Maiskörner (250 g)
1 ½ Dosen Kichererbsen (à 400 g)
1 Dose Kokosmilch (400 ml)
2 Stangen Zitronengras
1 EL milde grüne Currypaste
2 EL Sojasoße
1 EL Thai-Fischsoße
Salz und schwarzer Pfeffer

1. Die Zutaten zurechtlegen, vorbereiten und abmessen. Die Zwiebel fein würfeln. Den Knoblauch zerstoßen. Die Pilze halbieren. Den Ingwer reiben. Die Chilischote in dünne Scheiben schneiden. Die Limette auspressen. Die Strünke des Grünkohls entfernen und die Blätter in Streifen schneiden. Die Basilikumblätter von den Stängeln zupfen und grob hacken.
2. In einer großen, schweren Pfanne das Olivenöl bei mittlerer Hitze erwärmen. Die Zwiebeln und den Knoblauch hineingeben und unter häufigem Rühren ca. 5 Minuten sautieren, bis die Zwiebeln braun werden. Pilze, Ingwer, Chili, 2 EL Limettensaft, Grünkohl, Mais, Kichererbsen, Kokosmilch, Zitronengras und Currypaste hinzufügen. Die Mischung kurz aufkochen und die Hitze anschließend auf niedrige Stufe schalten. Das Gemüse 25 Minuten köcheln und in dieser Zeit ein- bis zweimal umrühren.
3. Den Curry von der Herdplatte nehmen und das Zitronengras entfernen. Die Soja- und Fischsoße einrühren, und bei Bedarf mit Salz und Pfeffer würzen.
4. Den Curry in eine Schüssel füllen oder auf 4 Suppenteller aufteilen. Heiß mit Basilikum garniert servieren.

Zucchini-Parmigiana

Manchmal spielt es keine Rolle, welchen Parmesan Sie benutzen, wenn er mehr der Konsistenz dient als dem Geschmack. Das ist hier nicht der Fall. Hier ist jede Zutat für den Auflauf relevant, der einer Zucchini-Lasagne ähnelt. Verwenden Sie den besten Parmigiano-Reggiano oder Grana Padano, den Sie bekommen können.

ERGIBT 4–6 PORTIONEN

- 1 große Dose geschälte Tomaten (800 g)
- 1 Zwiebel
- 1 kg Zucchini
- 100 g Parmesan
- 5 EL Butter
- 3 EL Olivenöl
- 2 TL rote Pfefferflocken
- Salz und Pfeffer

1. Die Zutaten zurechtlegen, vorbereiten und abmessen. Die Tomaten hacken und den austretenden Saft aufheben. Die Zwiebel halbieren. Die Zucchini der Länge nach in Scheiben schneiden. Den Parmesan reiben.
2. Eine Pfanne auf mittlere Hitze erwärmen und die Tomaten 30–40 Minuten mit Zwiebelwürfeln, Butter, Salz und Pfeffer köcheln, bis die Soße eindickt.
3. In der Zwischenzeit den Backofen auf 230 °C vorheizen. Die Zucchinischeiben einlagig auf zwei Backbleche verteilen, mit Olivenöl beträufeln, und mit Pfefferflocken, Salz und Pfeffer würzen. Die Zucchinischeiben in den Ofen geben und 10 Minuten rösten.
4. Die Zucchini aus dem Ofen nehmen, und den Ofen auf 190 °C schalten. Die Zuchinischeiben auf den Backblechen abkühlen, bis ihr Saft ausgetreten ist. Diesen abgießen.
5. Ein Drittel der Tomatensoße in eine Auflaufform mit einem Fassungsvermögen von 2 l füllen. Die Soße mit einem Drittel der Zucchinischeiben belegen und mit einem Drittel des Parmesans bestreuen. Diesen Vorgang zwei weitere Male wiederholen; die letzte Lage sollte aus Parmesan bestehen. Den Auflauf ca. 30 Minuten backen, bis der Käse auf der Oberfläche zerlaufen und leicht angebräunt ist.
6. Den Auflauf aus dem Ofen nehmen und vor dem Aufschneiden 20 Minuten abkühlen lassen. Warm servieren.

Zwiebelsuppe mit Käsehaube

Die herrlich dunkelbraunen Zwiebeln in diesem Rezept sind ein perfektes Beispiel dafür, wie Rösten und Karamellisieren die natürliche Süße von Speisen zur Geltung bringt, ohne dass man zusätzlichen Zucker verwenden muss. Die lange Kochdauer erfordert Geduld, aber Sie können dieses Gericht auch in einem Slow-Cooker oder Schnellkochtopf zubereiten. Eine große Portion geriebener Käse rundet diese pikante, reichhaltige Suppe ab. Sie werden die üblichen, aufgeweichten Croutons nicht vermissen!

ERGIBT 4 PORTIONEN

1 kg Zwiebeln
2 Knoblauchzehen
100 g Emmentaler oder Gruyère
60 g Butter
1 EL Dijonsenf
180 ml Weißwein oder Sherry
2 Liter Hühnerbrühe oder Klassische Hühnerbrühe (Seite 186)
2 TL Sherryessig
Salz und Pfeffer

1. Die Zutaten zurechtlegen, vorbereiten und abmessen. Die Zwiebeln in sehr dünne Scheiben schneiden (hierfür empfiehlt sich eine Küchenmaschine). Den Knoblauch hacken. Den Käse reiben.

2. In einem emaillierten gusseisernen Topf (oder einem anderen schweren Topf mit Deckel) die Butter bei mittlerer bis hoher Hitze zerlassen. Die Zwiebeln und den Knoblauch hineingeben, mit Salz und Pfeffer würzen und unter häufigem Rühren ca. 5 Minuten sautieren, bis die Zwiebeln langsam braun werden. Die Hitze auf die niedrigste Stufe schalten, und die Zwiebeln und den Knoblauch ohne Deckel unter gelegentlichem Rühren 45–60 Minuten köcheln. Wenn die Zwiebeln zu schnell garen oder austrocknen, 1–2 EL Wasser hinzugeben, damit sie nicht verbrennen oder am Topfboden festkleben.

3. Sobald sich eine dicke, dunkelbraune Schicht aus Zwiebeln und Knoblauch gebildet hat, den Senf und Weißwein (oder Sherry) einrühren. Die Hitze auf mittlere bis hohe Stufe schalten und ca. 5 Minuten kochen, bis die Flüssigkeit fast vollständig verdampft ist. Die Brühe hinzugeben, alles kurz aufkochen lassen, die Temperatur herunterschalten und den Topf teilweise abdecken. Die Suppe ca. 30 Minuten köcheln lassen.

4. Vor dem Servieren die Suppe mit Salz und Pfeffer würzen und 2 TL Essig hinzufügen. Die Suppe auf 4 Suppenteller verteilen. Aus dem geriebenen Käse vier Türmchen formen. Diese leicht zusammendrücken (wie einen lockeren Schneeball) und auf die Suppe setzen. Ein Teil des Käses wird nach unten sinken, während ein anderer Teil auf der Oberfläche schwimmen wird. Möglichst heiß servieren.

GEFLÜGEL: HUHN, ENTE UND PUTE

Huhn mit Sesamkruste

Wenn Sie Brathähnchen mögen, werden Sie diese Variante lieben. Typisch asiatische Zutaten wie Zitrone, Ingwer und Tamari verleihen diesem Gericht sein exotisches Aroma, während der Sesam für eine knusprig-krosse Kruste sorgt. Ein weiteres Plus sind die im Sesam enthaltenen Ballaststoffe, die allerdings kaum auffallen, weil das Gericht so köstlich schmeckt. Als Beilage eignet sich besonders das Asiatische Blattgemüse mit Sesamöl und Miso (Seite 88).

ERGIBT 4 PORTIONEN

680 g Hühnerbrustfilet ohne Haut und Knochen
2,5 cm frischer Ingwer
1 Limette
6 Stängel Koriandergrün oder glatte Petersilie
70 g Sesam (weiß oder schwarz)
1 EL Traubenkernöl
1 TL geröstetes Sesamöl
60 g Butter
1 EL Tamari
Salz und Pfeffer

1. Die Zutaten zurechtlegen, vorbereiten und abmessen. Die Hühnerbrustfilets auf eine gleichmäßige Dicke von etwa 2,5 cm klopfen. Den Ingwer reiben. Die Schale der Limette dünn abreiben (evtl. mit einem Zestenreißer) und den Saft auspressen. Das Koriandergrün (oder die Petersilie) in grobe Stück reißen oder hacken.

2. Den Sesam in eine flache Schale geben. Die Filets mit Salz und Pfeffer würzen und anschließend auf beiden Seiten in den Sesam drücken. Auf ein Stück Backpapier legen und beiseite stellen.

3. In einer großen schweren Pfanne das Traubenkernöl und Sesamöl bei mittlerer Hitze erwärmen. Die Filets 6 Minuten auf einer Seite braten, wenden und weitere 4 Minuten braten. (Wenn die Pfanne nicht groß genug ist, müssen die Filets in zwei Durchgängen gebraten werden.) Die Hitze gegebenenfalls reduzieren, damit der Sesam nicht verkohlt. Die Filets auf eine Servierplatte geben und warm halten, während die Soße vorbereitet wird.

4. Die Butter in derselben Pfanne zerlassen. Den Ingwer hineingeben und etwa 30 Sekunden sautieren. 1 EL Limettensaft und 1 EL Tamari hinzufügen und alles 1 Minute kochen, damit sich die Aromen vermischen können.

5. Die Soße über das Huhn geben und mit Limettenschale und Koriandergrün garnieren. Sofort servieren.

Huhn nach marokkanischer Art mit Kurkuma und Aprikosen

Dieses Rezept enthält traditionelle marokkanische Zutaten wie saure Sahne, Kurkuma und Trockenobst, allerdings verwende ich weniger Obst als in traditionellen nordafrikanischen Gerichten, damit der Fructosegehalt in überschaubaren Grenzen bleibt. Es ist also kein traditionelles Rezept, sondern nimmt lediglich Anleihen aus der marokkanischen Küche. Aber es schmeckt hervorragend!

ERGIBT 4 PORTIONEN

- 8 Hühnerkeulen mit Haut und Knochen
- 1 Zwiebel
- 2 Knoblauchzehen
- 2,5 cm frischer Ingwer
- 125 g getr. Aprikosen
- 3 EL Rosinen
- 3 EL Olivenöl
- ½ TL gem. Kurkuma
- 125 g saure Sahne
- 125 ml Wasser oder Hühnerbrühe (oder Klassische Hühnerbrühe, siehe Seite 186)
- Salz und Pfeffer

1. Die Zutaten zurechtlegen, vorbereiten und abmessen. Die Hühnerkeulen mit Küchenpapier abtupfen. Die Zwiebel würfeln. Den Knoblauch hacken. Den Ingwer reiben. Die Aprikosen in feine Streifen schneiden. Die Rosinen unter warmem Wasser abspülen und gut abtrocknen.
2. In einer großen schweren Pfanne mit Deckel das Olivenöl bei mittlerer bis hoher Hitze erwärmen, bis es schimmert, aber noch nicht raucht. Die Keulen auf beiden Seiten 5–7 Minuten anbraten. (Wenn die Pfanne nicht groß genug ist, müssen die Keulen in zwei Durchgängen gebraten werden.) Die Keulen anschließend auf einen Teller geben und beiseite stellen.
3. Den Bratsaft in der Pfanne bis auf 1 EL Öl abgießen. Die Kurkuma in das heiße Öl geben und ca. 1 Minute braten, bis das Gewürz zu duften beginnt. Die Zwiebelwürfel hinzufügen und ca. 5 Minuten braten, bis sie glasig sind. Den Knoblauch und Ingwer dazugeben und 2 Minuten anbraten, bis auch sie zu duften beginnen. Die saure Sahne und das Wasser (oder die Brühe) dazugeben. Aufkochen lassen und die Hitze auf niedrige Stufe schalten, bis die Flüssigkeit leise köchelt. Die Aprikosen und Rosinen hinzufügen und mit Salz und Pfeffer würzen.
4. Die Hühnerkeulen wieder in die Pfanne geben, die Hitze auf niedrige Stufe schalten und ohne Deckel 30–40 Minuten köcheln lassen, bis klarer Saft austritt, wenn mit einer Messerspitze nah am Knochen in das Fleisch gestochen wird.
5. Die Hühnerkeulen mit möglichst viel von der leckeren Soße in Schalen füllen und genießen.

Hühnerkeulen mit Salzzitrone

Hier ist ein magisches Rezept, in dem das Hühnerfett wahre Wunder wirkt – sofern Sie geduldig bleiben. Die Salzzitrone bildet einen geschmacklichen Kontrast zum Fett, und der Spritzer Zitronensaft, der am Schluss dazukommt, regt Ihre Geschmacksknospen noch einmal gehörig an. Zu diesem Gericht eignet sich als Beilage dunkles Blattgemüse wie Grünkohl und Blattkohl oder die gebackenen Kirschtomaten mit Basilikumstreifen (Seite 91).

ERGIBT 4 PORTIONEN

8 Hühnerkeulen mit Haut und Knochen
1 Salzzitrone
1 Zitrone
1 EL Olivenöl
Salz und Pfeffer

1. Die Zutaten zurechtlegen, vorbereiten und abmessen. Die Keulen großzügig mit Salz und Pfeffer würzen. Die Schale der Salzzitrone in feine Streifen schneiden. Die frische Zitrone vierteln.
2. In einer großen, schweren (vorzugsweise gusseisernen) Pfanne das Olivenöl bei mittlerer Hitze erwärmen, bis es schimmert. Die Keulen mit der gewürzten Hautseite nach unten in die Pfanne geben und 30 Minuten braten. Die Keulen nicht wenden, sondern die Hitze herunterschalten, wenn die Haut zu braun wird; wichtig ist, dass das Fett ausbrät und die Haut kross wird.
3. Wenn die Haut knusprig und goldbraun ist, die Keulen wenden. Die Salzzitrone hinzugeben und die Bratensäfte gut vermischen. Die Keulen weitere 12–15 Minuten garen, bis klarer Saft austritt, wenn mit einer Messerspitze in das Fleisch gestochen wird.
4. Die Keulen auf eine Servierplatte geben, mit dem Saft aus der Pfanne übergießen und mit Zitronenschnitzen garnieren.

Hühnerlebern mit Sherry-Sahne-Soße

Dieses delikate Gericht bringt durch die Zugabe von Sherry einen Hauch von Spanien auf den Tisch. Trinken Sie während der Zubereitung einen feinen, dunklen Oloroso – für das eigentliche Rezept reicht ein normaler Sherry aber völlig aus!

ERGIBT 4 PORTIONEN

450 g Hühnerlebern
1 Zwiebel
2 Knoblauchzehen
2 Stängel Petersilie (glatt oder gekräuselt)
1 Zweig frischer Thymian
2 EL Olivenöl
60 ml Hühnerbrühe oder Klassische Hühnerbrühe (Seite 186)
2 EL trockener Sherry
2 EL Crème fraîche oder Schlagsahne
Salz und Pfeffer

1. Die Zutaten zurechtlegen, vorbereiten und abmessen. Die Häutchen und Sehnen von den Lebern entfernen. Die Zwiebel fein würfeln. Den Knoblauch hacken. Die Petersilie von den Stängeln zupfen, die Thymianblätter von den Zweigen streifen und beides grob hacken.

2. In einer schweren (vorzugsweise gusseisernen) Pfanne das Olivenöl bei mittlerer Hitze erwärmen, bis es schimmert. Die Hühnerlebern hineingeben und auf allen Seiten ca. 5 Minuten anbraten. Die Lebern auf einen Teller geben. Die Zwiebeln und den Knoblauch in die Pfanne geben und 6–8 Minuten garen, bis sie glasig sind.

3. Die Brühe und den Sherry hinzufügen und den Bratensatz mit einem Holzlöffel vom Pfannenboden lösen. Kurz aufkochen lassen und die Temperatur herunterschalten. Die Hühnerlebern wieder in die Pfanne geben und ca. 5 Minuten köcheln lassen. Sie sollten in der Mitte noch zartrosa sein. Die Pfanne von der Herdplatte nehmen.

4. Die Hühnerlebern auf einer Servierplatte anrichten. Die Crème fraîche (oder Schlagsahne) in die Pfanne geben, mit der Brühe und dem Sherry zu einer homogenen Soße verrühren und über die Lebern gießen. Mit Salz und Pfeffer abschmecken. Vor dem Servieren mit Petersilie und Thymian garnieren.

In Roséwein pochierte Hühnerbrustfilets

Dieses köstliche Rezept ist einfach und besteht aus nur wenigen Zutaten. Es lässt sich bestens im Voraus zubereiten – und die Reste schmecken wunderbar, wenn man sie in Scheiben schneidet und auf einem Salat anrichtet. Die Soße mit Roséwein dient gleichzeitig als Salatdressing: Geben Sie einfach ein wenig Zitronensaft hinzu, oder mildern Sie die Schärfe des Senfs mit einem kleinen Schuss Olivenöl ab. Empfehlenswert!

ERGIBT 4 PORTIONEN

6 Knoblauchzehen
6 Basilikumblätter
60 ml Olivenöl
250 ml Rosé- oder Rotwein (Zinfandel)
900 g Hühnerbrustfilets ohne Haut und Knochen
1 EL Dijon- oder körniger Senf
Salz und Pfeffer

1. Die Zutaten zurechtlegen, vorbereiten und abmessen. Die Knoblauchzehen zerdrücken. Die Basilikumblätter in grobe Stücke reißen.
2. In einen schweren Topf, der gerade genug Platz für alle Hühnerbrustfilets bietet, das Olivenöl auf mittlere Hitze erwärmen. Den Knoblauch hineingeben und 1 Minute anbraten, bis er zu duften beginnt. Er darf aber auf keinen Fall anbrennen. Mit dem Wein ablöschen und mit Salz und Pfeffer würzen.
3. Die Hühnerbrustfilets in den Topf geben und falls nötig mehr Wasser nachgießen, damit die Filets vollständig bedeckt sind. Aufkochen lassen, die Hitze auf niedrige Stufe schalten, und alles 15–18 Minuten köcheln lassen, bis ein in die Filets eingesetztes Fleischthermometer 71 °C anzeigt. Den Topf von der Herdplatte nehmen, und das Huhn in seinem Sud ziehen lassen.
4. Die abgekühlten Filets auf ein Schneidebrett legen. Mit einem Messbecher 500 ml Sud abfüllen, in einem kleinen Topf bei mittlerer Hitze erwärmen und etwa auf die Hälfte einkochen lassen. Den Senf einrühren. Mit Salz und Pfeffer würzen.
5. Die Hühnerbrustfilets in dünne Scheiben schneiden und auf einer Servierplatte oder 4 Tellern anrichten. Vor dem Servieren mit etwas Wein-Senf-Soße übergießen und mit Basilikum bestreuen.

Mediterrane Pfanne mit Huhn und Gemüse

Gibt es überhaupt jemanden, der eine bunte Pfanne verschmäht? Diese Interpretation kombiniert eine Fülle intensiver Aromen miteinander. Ersparen Sie sich das Würzen mit einem Teelöffel hiervon oder einer Prise davon – verwenden Sie den ganzen Bund, die ganze Knolle, Oliven UND Speck. Scheuen Sie sich auch nicht, mehr Gemüse zuzubereiten: Verwenden Sie anstelle eines Bräters einfach zwei Backbleche.

ERGIBT 4 PORTIONEN

2 kleine Zucchini
1 Zwiebel
1 Knoblauchknolle
225 g Kalamata-Oliven
1 Bund frisches Basilikum
60 ml Olivenöl
225 g Speck Pancetta in Scheiben
4 Hühnerkeulen mit Haut und Knochen (zerteilt in Ober- und Unterschenkel)
450 g Snacktomaten
1 Chilischote
Salz und Pfeffer

1. Die Zutaten zurechtlegen, vorbereiten und abmessen. Die Zucchini in ca. 1 cm dicke Scheiben schneiden. Die Zwiebel achteln. Die Knoblauchzehen aus der Knolle lösen, aber nicht schälen. Die Knoblauchzehen in der Schale zerdrücken. Die Oliven entsteinen. Die Basilikumblätter von den Stängeln zupfen und in grobe Stücke reißen. Den Ofen auf 180 °C vorheizen.
2. Einen Teller mit Küchenpapier auslegen. 2 EL Olivenöl in einen Bräter geben, der groß genug ist, dass alle Zutaten in einer Lage nebeneinander Platz haben. Den Speck (oder Pancetta) in den Bräter legen und die Scheiben bei mittlerer bis niedriger Hitze 10 Minuten braten. Mit einem Schaumlöffel auf den mit Küchenpapier ausgelegten Teller legen.
3. Zucchini, Zwiebelstücke, Knoblauch, Oliven, Basilikum, Huhn, Tomaten und Chili in den Bräter füllen. Mit den verbleibenden 2 EL Olivenöl beträufeln und mit Salz und Pfeffer würzen. Alles gut vermengen. Den Bräter etwas schütteln, damit alle Zutaten (mehr oder weniger) in einer Lage nebeneinander zu liegen kommen. Die Huhn-Gemüse-Mischung 30 Minuten im Ofen backen.
4. Den Speck (oder die Pancetta) auf die anderen Zutaten legen und alles weitere 15–20 Minuten garen, bis klarer Saft austritt, wenn mit einer Messerspitze nah am Knochen in das Fleisch gestochen wird.
5. Das Huhn mit dem Gemüse und Speck (oder der Pancetta) servieren und bei Bedarf mit dem Bratsaft übergießen.

In Tee geschmorte Ente mit Fenchel

Die dezent bitteren Noten des grünen Tees und Fenchels bilden einen guten Kontrast zur üppigen, herzhaften Ente. Damit die Soße klar und pikant wird, muss man das Fett auslassen, bevor man die Entenkeulen schmort.

ERGIBT 4 PORTIONEN

4 große Entenkeulen
1 kleine Zwiebel
½ Fenchelknolle
2,5 cm Ingwer
4 Beutel grüner Tee
85 ml Weißweinessig
2 TL chinesisches Fünf-Gewürze-Pulver
Salz und Pfeffer

1. Die Zutaten zurechtlegen, vorbereiten und abmessen. Die Ente großzügig salzen und pfeffern. Die Zwiebel in dünne Scheiben schneiden. Den Fenchel in Scheiben schneiden. Den Ingwer reiben. 500 ml Wasser zum Kochen bringen, den Tee hineingeben und 10 Minuten ziehen lassen. Den Ofen auf 150 °C vorheizen.

2. Die Entenkeulen mit der Hautseite nach unten in einen kalten Bräter geben, und die Herdplatte auf mittlere Stufe schalten. Die Keulen ca. 5 Minuten braten, bis das Fett austritt und die Haut knusprig wird. Wenden und weitere 5 Minuten braten. Auf einen Teller geben, beiseite stellen und den Bratsaft bis auf 1 EL Fett abgießen.

3. Den Bräter wieder auf die Herdplatte stellen, 80 ml Essig hineingeben und den Bratensatz mit einem Holzlöffel vom Pfannenboden lösen. Den Essig etwa 5 Minuten köcheln lassen, bis er auf die Hälfte reduziert ist. Zwiebel, Fenchel und Ingwer hinzufügen und 5–7 Minuten braten, bis die Zwiebel und der Fenchel glasig werden. Mit Fünf-Gewürze-Pulver, Salz und Pfeffer würzen.

4. Die Keulen mit der Hautseite nach oben in den Bräter geben und so viel grünen Tee hineingießen, dass die untere Hälfte der Keulen bedeckt ist. Die Keulen in den Ofen geben und ca. 75 Minuten schmoren, bis sie sehr zart sind.

5. Die Entenkeulen auf einen Teller geben und sie lose mit Alufolie abdecken. Überschüssiges Fett von dem Schmorsaft abgießen.

6. Den Bräter auf eine Herdplatte stellen, die auf mittlere bis niedrige Stufe geschaltet ist, und die Flüssigkeit ca. 8 Minuten kochen, bis sie auf die Hälfte reduziert und eingedickt ist. Die Soße abschließend mit 1 TL Essig abschmecken.

7. Aus der Alufolie nehmen und auf Tellern anrichten.

Putencurry

Pute und Curry sind auf den ersten Blick nicht unbedingt eine perfekte Kombination, gemeinsam bilden sie aber ein starkes Team! Dieses sehr einfache Putencurry besteht hauptsächlich aus Fleisch, Blumenkohl und Tomaten und ergibt damit eine vollwertige Mahlzeit. Um dem Gericht mehr Würze zu verleihen, können Sie nach Belieben mehr Currypaste verwenden.

ERGIBT 4 PORTIONEN

1 Zwiebel
1 Knoblauchzehe
1 rote Paprikaschote
½ Blumenkohl
450 g gekochtes Putenfleisch
1 EL Kokosöl
2–3 EL Currypaste (Ihre bevorzugte Sorte!)
1 Dose Tomatenstücke (400 g)
Salz und Pfeffer

1. Die Zutaten zurechtlegen, vorbereiten und abmessen. Die Zwiebel fein würfeln. Den Knoblauch hacken. Die Paprika halbieren, entkernen und würfeln. Den Blumenkohl in Röschen zerteilen. Das Putenfleisch in mundgerechte Stücke schneiden.

2. In einem mittelgroßen Topf mit Deckel das Kokosöl bei mittlerer bis hoher Hitze erwärmen. Zwiebel, Knoblauch, Paprika und Blumenkohl hineingeben und ca. 5 Minuten sautieren, bis das Gemüse weich geworden und leicht gebräunt ist. Das Putenfleisch und die Currypaste hinzufügen und 1 Minute braten, damit sich die verschiedenen Aromen vermischen können.

3. Die Tomaten mit dem Saft in den Topf geben und falls nötig mehr Wasser nachgießen, damit das Putenfleisch und Gemüse knapp bedeckt sind. Das Curry 8–10 Minuten teilweise abgedeckt köcheln lassen, bis der Blumenkohl gar, aber noch nicht verkocht ist.

4. In Suppentellern servieren.

Putenchili

Dieses Putenchili schmeckt *besser* als ein Chili, das mit anderen Fleischsorten zubereitet wird, der Geschmack bleibt nicht zugunsten der Gesundheit auf der Strecke. Süßkartoffeln sind zwar stärkehaltig, enthalten dafür aber auch viele Vitamine und Ballaststoffe.

ERGIBT 4 PORTIONEN

- 2 Süßkartoffeln (optional)
- 1 Zwiebel
- 2 Knoblauchzehen
- 1 Dose rote oder weiße Kidneybohnen (400 g)
- 1 Bund frisches Koriandergrün
- 2–4 EL Olivenöl
- 1 TL gem. Kreuzkümmel
- 1 TL geräuchertes Paprikapulver
- 1 TL Chilipulver
- 450 g Putenhack
- 1 große Dose ganze Tomaten (800 g)
- 125 g saure Sahne
- Limettenschnitze zum Garnieren
- Salz und Pfeffer

1. Die Zutaten zurechtlegen, vorbereiten und abmessen. Die Süßkartoffeln schälen und würfeln (sofern welche verwendet werden). Die Zwiebel fein würfeln. Den Knoblauch hacken. Die Bohnen unter fließendem Wasser abspülen und gut abtropfen lassen. Das Koriandergrün hacken. Den Ofen auf 220 °C vorheizen, sofern Süßkartoffeln verwendet werden. Ein Backblech mit Backpapier auslegen.
2. In einer Schüssel die Süßkartoffelwürfel mit 2 EL Olivenöl, Salz und Pfeffer vermischen. Die Würfel gleichmäßig auf dem Backblech verteilen und 20-25 Minuten rösten, bis sie gar sind. Aus dem Ofen nehmen und beiseite stellen.
3. In einem schweren Topf die verbleibenden 2 EL Olivenöl bei mittlerer Hitze erwärmen und Zwiebelwürfel, Knoblauch, Kreuzkümmel, Paprika, Chilipulver, Salz und Pfeffer hineingeben. Unter häufigem Rühren 8-10 Minuten anbraten, bis die Zwiebel weich, aber noch nicht braun ist.
4. Das Putenhack hinzufügen und mit einem Holzlöffel zerkleinern, damit sich keine Hackbällchen bilden. Das Chili ca. 15-20 Minuten kochen, bis das Putenfleisch größtenteils braun ist. Die Bohnen und Tomaten (inklusive Saft) dazugeben, und alles 15 Minuten köcheln lassen. Die Tomaten mit dem Holzlöffel zerdrücken. Die gerösteten Süßkartoffelwürfel hinzufügen (sofern welche verwendet werden), und alles 5 Minuten weiterköcheln lassen. Mit Salz und Pfeffer würzen.
5. Das Chili auf 4 Suppenteller verteilen, mit einem Klecks saurer Sahne garnieren und mit dem gehackten Koriandergrün bestreuen. Mit Limettenschnitzen servieren.

Schnelles Enten-Cassoulet

Obwohl die Zubereitung dieses Eintopfs einige Stunden dauert, ist er trotzdem noch »schnell« gekocht. Bei einem authentischen Cassoulet muss man nämlich getrocknete Bohnen einweichen und kochen, das Entenconfit vorbereiten und alles mehrere Stunden köcheln lassen. Mit einigen kleinen Tricks und Kniffen erhalten Sie aber eine Variante dieses Gerichts, die deutlich schneller fertig wird und dem Original geschmacklich in nichts nachsteht.

ERGIBT 4 PORTIONEN

- 100 g Pancetta
- 1 Zwiebel
- 1 große Dose Navy-Bohnen (800 g)
- 6 Knoblauchzehen
- 4 Stücke vorbereitetes Entenconfit
- 450 g französische Knoblauchwurst
- 4 Scheiben Speck
- 4 Stängel glatte Petersilie (optional)
- 5 EL Olivenöl
- 4 Zweige frischer Thymian
- 1 Liter Hühnerbrühe oder Klassische Hühnerbrühe (Seite 186)
- Salz und Pfeffer

1. Die Zutaten zurechtlegen, vorbereiten und abmessen. Die Pancetta und die Zwiebel fein würfeln. Die Bohnen unter fließendem Wasser abspülen und in einem Sieb abtropfen lassen. Den Knoblauch schälen und zerdrücken. Das Entenconfit in mundgerechte Stücke zerteilen. Die Wurst in 1 cm dicke Scheiben schneiden. Den Speck fein würfeln. Die Petersilie hacken (sofern welche benutzt wird). Den Ofen auf 175 °C vorheizen.

2. In einem großen Topf 3 EL Olivenöl bei mittlerer Hitze erwärmen. Die Pancetta hineingeben und 5–7 Minuten braten, bis das Fett austritt. Die Zwiebelwürfel hinzufügen und ca. 5 Minuten mitbraten, bis sie glasig sind. Bohnen, Knoblauch, Thymianzweige und Hühnerbrühe in den Topf geben, aufkochen, die Hitze auf niedrige Stufe schalten und das Cassoulet 15 Minuten ohne Deckel köcheln lassen.

3. Eine Auflaufform mit einem Fassungsvermögen von 2 l mit Butter einfetten. Den gesamten Topfinhalt inklusive Flüssigkeit hineingeben und in den Ofen stellen. Den Auflauf unbedeckt 45 Minuten schmoren lassen, bis das Fleisch gar ist. Das Cassoulet aus dem Ofen nehmen und 15 Minuten ruhen lassen.

4. Den Eintopf in 4 Suppenteller füllen und mit etwas Petersilie bestreuen (sofern welche benutzt wird).

FISCH UND MEERES-FRÜCHTE

Chili-Knoblauch-Garnelen mit Cannellini-Bohnen

Für dieses außergewöhnliche und sättigende Gericht mit kontrastreichen Konsistenzen und intensiven Aromen sollten Sie das beste Olivenöl verwenden, das Sie bekommen können. Je hochwertiger die Zutaten sind, umso besser kommen sie zur Geltung. Dieses Gericht kann warm oder kalt als Tapas serviert werden. Sie können es im Voraus zubereiten und bis zum Abendessen entspannen.

ERGIBT 4 PORTIONEN

3 Knoblauchzehen
2 frische Chilischoten
1½ Dosen Cannellini-Bohnen (à 400 g)
2 EL glatte Petersilie
5 EL Olivenöl
375 g Tomaten, gewürfelt und abgetropft
1 EL Tomatenmark
250 ml Hühnerbrühe oder Klassische Hühnerbrühe (Seite 186)
1 TL geräuchertes Paprikapulver
450 g mittelgroße Garnelen
Salz und Pfeffer

1. Die Zutaten zurechtlegen, vorbereiten und abmessen. Den Knoblauch hacken. Die Chilischoten entkernen und die Strünke entfernen. Die Cannellini-Bohnen abtropfen lassen. Die Petersilie grob hacken.

2. In einer großen Bratpfanne mit schwerem Boden 3 EL Olivenöl bei mittlerer Hitze erwärmen, bis das Öl schimmert, aber noch nicht raucht. Zwei Drittel des Knoblauchs und die Chilischoten hineingeben und 1 Minute unter ständigem Rühren anbraten, damit der Knoblauch nicht verbrennt. Bei dem Duft sollte Ihnen das Wasser im Mund zusammenlaufen.

3. Die Tomatenwürfel hinzufügen und mit Salz und Pfeffer würzen. Unter Rühren ca. 5 Minuten garen, bis die Tomaten weich sind.

4. Das Tomatenmark dazugeben, und die Soße 3 Minuten kochen, bis sie karamellisiert. Die Bohnen und die Brühe hinzufügen. Die Soße bei mittlerer bis hoher Hitze 4 Minuten köcheln (sie sollte viele kleine Blasen werfen), bis die Flüssigkeit reduziert und leicht eingedickt ist. Mit Salz und Pfeffer abschmecken.

5. Die Garnelen mit dem Paprikapulver bestreuen und mit dem verbleibenden Knoblauch in die Bohnensoße geben. Alles etwa 3 Minuten köcheln lassen, bis die Garnelen glasig werden und sich zusammenziehen. Die verbleibenden 2 EL Olivenöl über die Garnelen und Bohnen geben. Bei Bedarf noch einmal mit Salz und Pfeffer abschmecken.

6. Die Garnelen-Bohnen-Mischung auf 4 Tellern anrichten und mit Petersilie garnieren.

Gebackener Lachs nach Cajun-Art

Lachs ist ein hervorragendes Nahrungsmittel, weil er viel (gesundes) Fett enthält, eine wunderbar leuchtende Farbe hat und sich auf vielfältige Weise zubereiten lässt. Wichtig ist nur, dass Sie ihn nicht verkochen! Lachs hat ein mildes Aroma, das sich bestens mit der pikanten Cajun-Würzmischung vereint. Als Beilagen eignen sich eine Portion sautiertes Blattgemüse und Quinoa.

ERGIBT 4 PORTIONEN

2 EL Butter
2 EL geräuchertes Paprikapulver
1 EL Cayennepfeffer
1 EL Zwiebelpulver
1 TL getr. Thymian
1 TL getr. Oregano
1 TL getr. Basilikum
4 Lachsfilets (insgesamt 700 g)
Salz und Pfeffer

1. Die Zutaten zurechtlegen, vorbereiten und abmessen. Die Butter zerlassen und abkühlen lassen. Den Ofen auf 235 °C vorheizen. Eine große Auflaufform, die ausreichend Platz für alle Filets bietet, leicht mit Butter bepinseln.
2. In einer kleinen Schüssel Paprikapulver, Cayennepfeffer, Zwiebelpulver, Thymian, Oregano und Basilikum vermischen.
3. Die Lachsfilets in die Auflaufform füllen, mit der restlichen Butter bepinseln und mit Salz und Pfeffer würzen. Die Gewürzmischung gleichmäßig über die Filets streuen und 10–12 Minuten backen, bis die Oberfläche leicht angebräunt ist, der Lachs in der Mitte aber noch tief rosa ist.
4. Die Fischfilets auf Tellern anrichten.

In Milch pochierter Lachs mit Gremolata

Das Pochieren mit Milch ist eine etwas ungewöhnliche Zubereitungsart, die sich aber auch für andere Fischsorten oder sogar Hühnerbrustfilets eignet. Milch wird manchmal auch verwendet, um Schweineschulter zu schmoren. Das Milcheiweiß Laktose wirkt wie ein Zartmacher, der dem Fisch oder Fleisch nicht nur eine samtig-weiche Konsistenz verleiht, sondern auch ein leicht nussiges Aroma.

ERGIBT 4 PORTIONEN

- 4 frische Lachsfilets (insgesamt 900 g)
- 1 Knoblauchzehe
- 1 Zitrone
- ½ Bund glatte Petersilie
- 500–750 ml fettarme Milch
- 1 Lorbeerblatt
- 1 EL Olivenöl
- Salz und Pfeffer

1. Die Zutaten zurechtlegen, vorbereiten und abmessen. Jedes Filet mit einem scharfen Messer in vier Teile schneiden und mit Salz und Pfeffer würzen. Den Knoblauch fein reiben. Die Schale der Zitrone dünn abreiben (evtl. mit einem Zestenreißer). Die Petersilie fein hacken.
2. Die Milch in eine große Pfanne geben; sie sollte den Pfannenrand etwa 2,5 cm hoch bedecken. (Eventuell wird mehr Milch als hier angegeben benötigt.) Das Lorbeerblatt in die Milch geben und diese bei mittlerer Hitze erwärmen, bis sie dampft, aber noch nicht kocht (sie sollte vielmehr leise köcheln). Den Lachs hineingeben. Die Milch sollte die Filets etwa zur Hälfte bedecken. (Falls nötig mehr Milch nachgießen.) Die Herdplatte auf niedrige Stufe schalten und die Filets 15 Minuten köcheln lassen.
3. In der Zwischenzeit für die Gremolata Knoblauch, Zitronenschale, Petersilie und Olivenöl in eine kleine Schüssel geben und alles gut vermischen. Beiseite stellen.
4. Die Fischfilets auf 4 Teller verteilen und mit der Gremolata garnieren.

Fischauflauf mit Kartoffel-Blumenkohl-Püree

Um den Kohlenhydratgehalt dieses traditionellen Gerichts zu verringern, wird anstelle des üblichen Kartoffelpürees eine Mischung aus Kartoffeln und Blumenkohl verwendet, die nicht nur ballaststoffreicher, sondern auch aromatischer ist.

ERGIBT 4 PORTIONEN

2 große Kartoffeln
½ kleiner Blumenkohl
4 Handvoll Spinatblätter
1 Zwiebel
2 Karotten
100 g Cheddar
1 Zitrone
1 Bund glatte Petersilie
3 EL Olivenöl
1 TL gem. Muskat
250 ml Schlagsahne
1 TL Senfpulver
4 Kabeljaufilets (insgesamt 450 g)
Salz und Pfeffer

1. Die Zutaten zurechtlegen, vorbereiten und abmessen. Die Kartoffeln schälen und würfeln. Den Blumenkohl in kleine Röschen zerteilen. Den Spinat und die Zwiebel hacken. Die Karotten schälen und würfeln. Den Cheddar reiben. Die Zitrone auspressen. Die Petersilie hacken. Den Ofen auf 230 °C vorheizen.

2. Einen Topf mit Salzwasser zum Kochen bringen und die Kartoffeln 10 Minuten garen, bis sie weich sind. Die Blumenkohlröschen hinzufügen und weitere 5 Minuten kochen. Beides mit einer Schaumkelle aus dem Topf heben, und das heiße Wasser aufbewahren. Die Kartoffeln und den Blumenkohl auf einem Schneidebrett trocknen lassen. In eine Schüssel füllen, sobald sie nicht mehr dampfen, und mit 1 EL Olivenöl zerstampfen. Das Püree mit Muskat, Salz und Pfeffer würzen und beiseite stellen.

3. Den Spinat in ein Sieb geben, das über eine große Schüssel gestellt wird, und mit dem warmen Kochwasser übergießen. Den Spinat auspressen, wenn er abgekühlt ist, und beiseite stellen.

4. In einer Pfanne 1 EL Olivenöl bei mittlerer bis niedriger Hitze erwärmen. Die Zwiebeln und Karotten hineingeben und ca. 5 Minuten sautieren, bis die Zwiebeln glasig und die Karotten weich sind. Die Sahne hinzugeben und 30 Sekunden aufkochen lassen. Die Pfanne von der Herdplatte nehmen und Cheddar, 1 EL Zitronensaft, Petersilie und Senfpulver hineingeben.

5. In einer Auflaufform den Spinat und Fisch vermengen und den Fisch in kleine Stücke zerteilen. Die Käse-Gemüse-Soße über den Fisch gießen, mit einer dünnen Lage Kartoffel-Blumenkohl-Püree belegen und anschließend mit Olivenöl bepinseln. Den Auflauf 20–25 Minuten backen, bis die Oberfläche gut gebräunt ist. Aus dem Ofen nehmen und 10 Minuten ruhen lassen.

Kabeljau mit getrockneten Tomaten und Pekan-Kruste

Eine intensiv duftende, aromatische Kruste setzt den fleischigen, gehaltvollen Kabeljau perfekt in Szene. Ihnen wird diese Neuinterpretation des Backfischs – ohne Bierteig! – so gut schmecken, dass Sie wahrscheinlich nie wieder traditionelle Fish and Chips essen wollen. In diesem Rezept kommen Pekannüsse vor, die von Natur aus süß und reichhaltig sind, aber Sie können alternativ dazu auch Cashew- oder Walnüsse verwenden, wenn Sie möchten.

ERGIBT 4 PORTIONEN

- 55 g Parmesan
- 2 Knoblauchzehen
- 10 Stängel frischer Basilikum
- 1 Zitrone
- 4 Kabeljaufilets mit Haut (insgesamt 900 g)
- 2 EL Olivenöl
- 10 Sardellen in Öl
- 100 g in Öl eingelegte, getr. Tomaten
- 95 g zerstoßene Pekannüsse
- 1 rote Chilischote
- Salz und Pfeffer

1. Die Zutaten zurechtlegen, vorbereiten und abmessen. Den Parmesan in grobe Stücke zerteilen. Den Knoblauch ebenfalls grob hacken. Die Basilikumblätter von den Stängeln zupfen. Die Schale der Zitrone dünn abreiben (evtl. mit einem Zestenreißer) und den Saft auspressen. Den Ofen auf 260 °C vorheizen.
2. Die Kabeljaufilets mit der Hautseite nach unten in einen Bräter geben, der so viel Platz für die Filets bietet, dass sie sich nicht berühren, und mit 1 EL Olivenöl, Salz und Pfeffer würzen. Den Fisch rösten, bis er (je nach Dicke der Filets) nach 5–7 Minuten anfängt, gar zu werden.
3. In der Zwischenzeit Parmesan, Basilikum, Zitronenschale, Sardellen, getrocknete Tomaten, Pekannüsse und Chili in einen Mixer geben. Die Zutaten zu einer groben, krümeligen Masse verarbeiten. 1 EL Zitronensaft und 1 EL Olivenöl hinzufügen. Mit Salz und Pfeffer würzen. Alles zu einer homogenen Masse verarbeiten.
4. Den Kabeljau aus dem Ofen nehmen und gleichmäßig mit der Nusspaste bestreichen. Die Mischung muss vielleicht leicht angedrückt werden, damit sie nicht zerfällt. Es ist nicht weiter problematisch, wenn einige Brösel vom Filet fallen. Den Fisch wieder in den Ofen geben und weitere 5–7 Minuten rösten, bis die Nusspaste knusprig und an manchen Stellen gut gebräunt ist.
5. Die Fischfilets auf 4 Tellern anrichten.

Lachsküchlein mit Beurre blanc

Beurre blanc ähnelt der Sauce Hollandaise, kommt aber ohne Eier aus und ist daher nicht so üppig. Sie werden nie wieder über ein langweiliges Essen klagen.

ERGIBT 4 PORTIONEN

LACHSKÜCHLEIN

½ rote Paprikaschote
2 Frühlingszwiebeln
½ Bund glatte Petersilie
2 Eier
2 Dosen Lachs (jeweils ca. 200 g)
150 g Mandelmehl
2 TL Dijonsenf
1 EL geschmolzene Butter
Traubenkernöl zum Braten
Salz und Pfeffer

BEURRE BLANC

1 Schalotte
125 g Butter
2 EL trockener Weißwein
2 EL Weißweinessig
2 EL Sahne zum Kochen mit 15 % Fettanteil
weißer Pfeffer aus der Mühle
Salz

1. Die Zutaten zurechtlegen, vorbereiten und abmessen. Die Paprika der Länge nach halbieren, entkernen und den Strunk entfernen. Die Frühlingszwiebeln grob hacken. Die Petersilie ebenfalls grob hacken. Die Eier in einer kleinen Schüssel schaumig schlagen. Den Lachs abtropfen lassen. Die Schalotte fein hacken, 1 EL abnehmen und den Rest beiseite stellen. 125 g Butter in grobe Würfel schneiden. Den Ofen auf 200 °C vorheizen.

2. Die Paprika mit der Hautseite nach oben auf ein Backblech legen und 30 Minuten rösten, bis sich die Haut zusammenzieht und leicht verkohlt. Aus dem Ofen nehmen, etwas abkühlen lassen, die Haut der Paprikahälften abziehen und die Paprika würfeln.

3. Paprikawürfel, Frühlingszwiebeln, Petersilie, Eier, Mandelmehl und Senf in eine Schüssel geben. Den Lachs vorsichtig, aber gründlich mit einer Gabel unter die Masse heben und alles gut vermischen. Aus dem Teig vier Küchlein formen, diese auf einen Teller geben und unbedeckt in den Kühlschrank stellen.

4. Für die Beurre blanc Schalotten, Wein und Essig in einen kleinen Topf geben und zum Kochen bringen. Die Hitze auf mittlere Stufe schalten und die Soße weiterköcheln lassen, bis die Flüssigkeit nach 5–7 Minuten fast vollständig verdampft ist. Die Sahne und eine Prise weißen Pfeffer hinzufügen, und die Soße noch einmal 1 Minute aufkochen lassen. Die Butter dazugeben, immer 1–2 Würfel auf einmal. Weiterrühren und warten, bis die Butter geschmolzen ist, bevor weitere Würfel hinzugegeben werden. Den Topf von der Herdplatte nehmen, sobald die gesamte Butter geschmolzen und die Mischung flüssig ist. Die Soße salzen und durch ein feines Sieb in eine kleine Schüssel gießen. Alle größeren festen Bestandteile entfernen.

5. In einer Pfanne das Traubenkernöl erwärmen. Die Lachsküchlein 4 Minuten auf einer Seite braten, wenden, und weitere 3 Minuten braten.

Garnelen und Radicchio-Salat mit Zitronen-Vinaigrette

Die hellrosa leuchtenden Garnelen, der tiefrote Radicchio und die grünen Petersilienstücke machen dieses Gericht zu einem der optisch ansprechendsten Gerichte in diesem Buch. Es schmeckt natürlich auch hervorragend! Wenn Sie einen Grill haben – oder eine geriffelte Grillpfanne – können Sie den Radicchio auch grillen, statt ihn im Ofen zu backen. Die durch das Grillen entstehenden Röstaromen verleihen den eher bitter schmeckenden Blättern eine faszinierende geschmackliche Komplexität.

ERGIBT 4 PORTIONEN

SALAT

2 Radicchio-Köpfe
450 g mittelgroße Garnelen
450 g Eiertomaten
2 Stängel glatte Petersilie
3 EL Olivenöl
1 EL Rotweinessig
Salz und Pfeffer

ZITRONEN-VINAIGRETTE

1 Zitrone
6 EL Olivenöl
2 TL Dijonsenf
Salz und Pfeffer

1. Die Zutaten zurechtlegen, vorbereiten und abmessen. Die Radicchios in große Stücke schneiden und die holzigen Strünke entfernen. Die Garnelen schälen und säubern. Die Tomaten halbieren. Die Petersilienblätter fein hacken. Den Ofen auf 220 °C vorheizen.
2. In einer Schüssel die Radicchios mit 2 EL Olivenöl, Essig, Salz und Pfeffer gut vermischen. Großflächig auf einem Backblech verteilen und 10–12 Minuten rösten, bis ihre Ränder knusprig-braun sind.
3. In der Zwischenzeit die Garnelen mit dem verbleibenden EL Olivenöl vermischen, mit Salz und Pfeffer würzen, auf einem Backblech verteilen und zu den Radicchios in den Ofen geben. Die Garnelen 3–5 Minuten rösten, bis sie sich zusammenziehen. Die Garnelen und Radicchios aus dem Ofen nehmen und beiseite stellen.
4. Für die Vinaigrette die Schale der Zitrone dünn abreiben (evtl. mit einem Zestenreißer) und den Saft auspressen. 1 EL Zitronenschale, 2 EL Zitronensaft, Olivenöl und Senf in einer kleinen Schüssel verrühren. Mit Salz und Pfeffer würzen.
5. Radicchio, Garnelen und Tomaten in einer großen Schüssel vermengen. Die Vinaigrette dazugeben und vorsichtig unterheben. Mit Petersilie bestreuen.
6. Den Salat auf 4 Schalen verteilen.

Jakobsmuscheln mit Prosciutto

Dieses Gericht eignet sich für besondere Anlässe oder wenn Sie Gäste eingeladen haben. Es überzeugt mit einer pikanten Note, die es dem Knoblauch, Salz und den Chilischoten zu verdanken hat. Es ist es nicht schwierig oder zeitaufwändig zuzubereiten, wird aber garantiert großen Anklang finden. Stängelkohl mit Chili und Knoblauch (Seite 102) ist die perfekte Beilage dafür.

ERGIBT 4 PORTIONEN

900 g Snacktomaten
1 Knoblauchzehe
2 getr. rote Chilischoten
6 Sardellen
1½ Dosen Cannellini-Bohnen (400 g)
1 Zitrone
4 EL Olivenöl
8 Scheiben Prosciutto
16 Jakobsmuscheln
Salz und Pfeffer

1. Die Zutaten zurechtlegen, vorbereiten und abmessen. Die Tomaten der Länge nach halbieren. Den Knoblauch zerdrücken. Die getrockneten Chilischoten zerstoßen. Die Sardellen mit einer Gabel zerdrücken. Die Bohnen unter fließendem Wasser abspülen und gut abtropfen lassen. Die Zitrone auspressen. Den Ofen auf 245 °C vorheizen.

2. Die Tomaten auf einem Backblech verteilen, mit Olivenöl beträufeln, mit Salz und Pfeffer würzen und 10 Minuten rösten. Die Tomaten auf eine Seite des Backblechs schieben, die Prosciutto-Scheiben in einer Lage auf die andere Seite geben und alles weitere 10 Minuten rösten, bis der Prosciutto knusprig wird. Das Backblech aus dem Ofen nehmen und abkühlen lassen.

3. In einer Pfanne 1 EL Olivenöl bei mittlerer bis hoher Hitze erwärmen. Den Knoblauch, die Chili und zerdrückten Sardellen hineingeben, 1 Minute sautieren, und die Cannellini-Bohnen und 125 ml Wasser hinzufügen. Die Bohnen mit einer Gabel grob zerdrücken, während sie warm werden. Von der Herdplatte nehmen, einen Spritzer Olivenöl hinzufügen, und mit Salz und Pfeffer abschmecken. Die Pfanne beiseite stellen.

4. In einer anderen Pfanne 1 EL Olivenöl erwärmen. Die Muscheln mit Salz und Pfeffer würzen, in die Pfanne geben und 2 Minuten scharf anbraten, bis die Unterseite goldbraun ist. Die Muscheln wenden und weitere 2 Minuten braten.

5. Tomaten, zwei Scheiben Speck und Bohnen auf 4 Tellern verteilen. 4 Muscheln auf die Bohnen legen. Mit Zitronensaft und etwas mehr Olivenöl beträufeln und bei Bedarf mit mehr Salz und Pfeffer abschmecken.

Meeresfrüchte-Eintopf nach provençalischer Art mit Knoblauch-Mayonnaise

Die meisten kulinarischen Traditionen haben ihre eigene Variante des Fischeintopfs. In diesem Rezept verleihen getrocknete Kräuter der Provence dem Eintopf einen Hauch von Südfrankreich.

ERGIBT 6 PORTIONEN

1 Zwiebel
1 Fenchelknolle
4–6 Knoblauchzehen
1 Zitrone
125 ml Olivenöl
2 TL Kräuter der Provence (Thymian, Basilikum, Rosmarin, Estragon)
1 TL Chiliflocken
125 ml Weißwein
2 EL Tomatenmark
1 l Fischbrühe (Seite 184) oder Muschelsaft
500 g Eiertomaten (aus der Dose)
900 g weiße Fischfilets (Heilbutt, Barsch, Schellfisch, Kabeljau)
450 g Meeresfrüchte
6 EL Mayonnaise
Safran (optional)
1 TL scharfe Soße
Salz und Pfeffer

1. Die Zutaten zurechtlegen, vorbereiten und abmessen. Die Zwiebel hacken. Den Fenchel in große Stücke schneiden und den holzigen Strunk entfernen. Die Knoblauchzehen hacken – es werden etwa 4 EL benötigt. Die Schale der Zitrone dünn abreiben (evtl. mit einem Zestenreißer) und den Saft auspressen.

2. In einem schweren Suppentopf das Olivenöl bei mittlerer bis hoher Hitze erwärmen. Die Zwiebel, den Fenchel und 3 EL Knoblauch hineingeben, die Kräuter der Provence und Chiliflocken hinzufügen und 10–15 Minuten sautieren, bis die Zwiebel und der Fenchel gar sind. Mit Salz und Pfeffer würzen.

3. Den Wein und das Tomatenmark dazugeben und ca. 10 Minuten kochen, bis der Wein verdampft ist. Die Brühe (oder den Muschelsaft) hinzufügen und aufkochen lassen. Die Hitze auf niedrige Stufe schalten und ohne Deckel 30 Minuten köcheln lassen. Den Sud durch ein feines Sieb in eine Schüssel gießen. Alle größeren festen Bestandteile entfernen.

4. Den Sud wieder in den Suppentopf geben, und die Herdplatte auf mittlere bis niedrige Stufe schalten. Den Fisch und die Muscheln hineingeben und ca. 5 Minuten garen. Den Topf von der Herdplatte nehmen und beiseite stellen.

5. In einer kleinen Schüssel die Mayonnaise mit einer Prise Safran (sofern welcher verwendet wird), 1 EL warmem Wasser, 1 EL Knoblauch, 1 EL Zitronensaft, 1 TL Zitronenschale und scharfer Soße vermischen. Mit Salz und Pfeffer würzen.

6. Den Fischeintopf mit einer Schöpfkelle auf 6 Suppenteller verteilen und mit einem Klecks Aioli garnieren. Die restliche Aioli in einer kleinen Schale reichen.

Pochierter Lachs mit Limetten-Dill-Mayonnaise

Hier ist ein weiteres Rezept für pochierten Lachs, der diesmal in Weißwein gegart wird. Die Zugabe frischer Kräuter und Senf zur Mayonnaise ist ein kleiner, aber feiner Küchentrick: Die Soße schmeckt dann beinahe so, als hätten Sie sich in der Küche mächtig ins Zeug gelegt, obwohl das gar nicht der Fall ist! Dill und Lachs sind eine klassische Kombination, aber Sie können, wenn Sie möchten, auch andere Kräuter verwenden; Basilikum eignet sich hierfür besonders gut.

ERGIBT 4 PORTIONEN

1 Limette
1 kleiner Bund frischer Schnittlauch
2 Stängel frischer Dill
1 Schalotte
125 ml Weißwein
1 Lorbeerblatt
4 Lachsfilets (insgesamt 700 g)
125 ml Mayonnaise
1 EL Dijonsenf
Salz und Pfeffer

1. Die Zutaten zurechtlegen, vorbereiten und abmessen. Die Schale der Limette dünn abreiben (evtl. mit einem Zestenreißer) und den Saft auspressen. Den Schnittlauch, den Dill und die Schalotte fein hacken.
2. 750 ml Wasser und den Weißwein in eine hochwandige Pfanne füllen und die Schalotten, das Lorbeerblatt und 1 TL Salz hineingeben. Aufkochen lassen, die Hitze anschließend auf niedrige Stufe schalten, und den Sud 5 Minuten köcheln lassen, bis er reduziert ist. Die Pfanne vom Herd nehmen.
3. Den Lachs vorsichtig in den Sud legen, abdecken und im Sud ziehen lassen, während dieser abkühlt. Den Lachs nach 15 Minuten kontrollieren. Er sollte in der Mitte tief rosa sein. Wenn er noch nicht gar ist, weitere 5 Minuten ziehen lassen.
4. Den pochierten Lachs auf einem Teller anrichten und 5 Minuten ruhen lassen. Mit Küchenpapier trocken tupfen. (Wenn der Fisch nicht sofort serviert wird, kann man den Teller auch abdecken und bis zu 3 Tage im Kühlschrank aufbewahren.)
5. Während der Lachs ruht, in einer kleinen Schüssel die Mayonnaise mit 1 TL Limettenschale, 1 EL Limettensaft, Schnittlauch, Dill und Senf verrühren. Mit Salz und Pfeffer würzen.
6. Den Lachs bei Zimmertemperatur servieren. Die Filets auf 4 Tellern anrichten und mit einem großen Klecks Limetten-Dill-Mayonnaise garnieren.

Kabeljau mit Mango-Avocado-Salat

Das Auge isst bekanntlich mit. Der saftige, milde Kabeljau bildet den perfekten Kontrastpunkt zum knackigen Salat, der durch die süße Mango, die cremige Avocado und das fein-säuerliche Zitronendressing ergänzt wird, die zusammengenommen eine wahre Geschmacksexplosion ergeben. Diese Zutaten schmecken am besten, wenn sie unmittelbar vor dem Servieren vermischt werden, weil sie dann ihre individuellen Aromen und Konsistenzen beibehalten. Wenn Sie sich kulinarisch ganz besonders verwöhnen wollen, können Sie statt Kabeljau auch Heilbutt verwenden.

ERGIBT 4 PORTIONEN

1 große Mango
2 Avocados
½ kleiner Rotkohl
6 Stängel Koriandergrün
1 Frühlingszwiebel
1 Jalapeño-Chilischote
1 Limette
5 EL Olivenöl
1 EL Butter
4 Kabeljaufilets (insgesamt 900 g)
gem. Kreuzkümmel
Salz und Pfeffer

1. Die Zutaten zurechtlegen, vorbereiten und abmessen. Die Mango und Avocados schälen und würfeln. Den Kohl mit einer Reibe oder einem Messer in feine Streifen schneiden – die Schneidscheibe einer Küchenmaschine ist für dieses Gericht zu grob. Das Koriandergrün hacken. Die grünen und weißen Teile der Frühlingszwiebel in feine Ringe schneiden. Die Jalapeño-Chilischote entkernen und hacken. Die Schale der Limette dünn abreiben (evtl. mit einem Zestenreißer) und den Saft auspressen. Den Ofen auf 220 °C vorheizen.

2. In einer großen, ofenfesten Pfanne 3 EL Olivenöl und die Butter bei mittlerer bis hoher Hitze erwärmen. Den Kabeljau mit Salz und Pfeffer würzen und in die Pfanne geben. Die Pfanne sollte so groß sein, dass die einzelnen Filets genügend Platz darin haben. Die Fischfilets 3 Minuten scharf anbraten, wenden und die Pfanne 5 Minuten in den Ofen schieben.

3. In der Zwischenzeit Mango, Avocados, Kohl, Koriandergrün, Frühlingszwiebel, Jalapeño, Limettenschale und -saft, Kreuzkümmel und 2 EL Olivenöl in eine Schüssel geben und alles gut verrühren. Mit Salz und Pfeffer würzen. Den warmen Kabeljau auf 4 Tellern anrichten und mit dem Salat servieren.

Regenbogenforelle mit Mandel-Aioli

Mit der Technik des Garens auf dem Zedernholzbrett bringen Sie zu jeder Jahreszeit den Sommer auf den Tisch. Dieses Gericht eignet sich hervorragend für einen gemütlichen Grillabend, aber wenn Sie kein Räucherbrett aus Zedernholz zur Hand haben – oder es draußen schon schneit und Sie nicht im Freien kochen wollen –, können Sie dieses Gericht auch im Backofen zubereiten. Sie können jede Art von Fisch auf dem Räucherbrett garen. Für dieses Gericht eignen sich anstelle von Regenbogenforelle auch Kabeljau und Heilbutt.

ERGIBT 4 PORTIONEN

½ Bund glatte Petersilie
50 g blanchierte Mandeln
1 Knoblauchzehe
60 ml Olivenöl
2 EL Zitronensaft
4 Forellenfilets
(insgesamt 680 g)
½ TL Cayennepfeffer
Salz und Pfeffer

1. Ein oder zwei Zedernholzbretter für mindestens 24 Stunden in kaltes Wasser legen (es ist wichtig, dass die Forellenfilets genügend Platz haben).

2. Die Zutaten zurechtlegen, vorbereiten und abmessen. Die Petersilie hacken. Den Ofen auf 205 °C vorheizen.

3. Die Mandeln und den Knoblauch in einen Mixer geben und zerkleinern. Während der Mixer läuft, Öl, Zitronensaft und etwa 80 ml Wasser hinzufügen, bis die Mischung die Konsistenz von Mayonnaise hat. Mit Salz und Pfeffer würzen. Die Aioli in eine Schüssel füllen und bis zum Servieren zugedeckt in den Kühlschrank stellen.

4. Die Forellenfilets mit Cayennepfeffer, Salz und Pfeffer würzen. Die Holzbretter aus dem Wasser heben und die Forellen mit der Hautseite nach unten darauf legen. Die Bretter auf die Ofenroste stellen und die Fischfilets je nach Dicke ca. 10 Minuten garen, bis sie anfangen, flockig zu werden.

5. Die Forellenfilets aus dem Ofen nehmen, auf 4 Tellern anrichten und mit Aioli und gehackter Petersilie garnieren.

Scharf angebratene Jakobsmuscheln mit Linsensalat

Linsen stehen im Ruf, einfache Hausmannskost zu sein, aber dieses Rezept wertet sie durch ein Sesam-Ingwer-Dressing sowie ein Gemüsebett und große, saftige Jakobsmuscheln gehörig auf.

ERGIBT 4 PORTIONEN

SALAT

225 g getr. grüne oder schwarze Linsen
4 Knoblauchzehen
1 Lorbeerblatt
5 EL Olivenöl
3 EL Sesam
450 g Jakobsmuscheln
225 g Blattsalatmischung
30 g Rucola
Salz und Pfeffer

SESAM-INGWER-DRESSING

2,5 cm frischer Ingwer
1 Zitrone
3–4 EL Olivenöl
1 EL geröstetes Sesamöl

1. Die Zutaten zurechtlegen, vorbereiten und abmessen. Die Linsen unter fließendem Wasser abspülen und in einem Sieb abtropfen lassen. Den Knoblauch schälen und zerdrücken. Für das Dressing den Ingwer reiben. Die Zitrone auspressen.
2. Wasser zum Kochen bringen. Die Hitze auf mittlere Stufe schalten, die Linsen und das Lorbeerblatt hineingeben und 15–20 Minuten köcheln lassen, bis die Linsen gar sind. Die Linsen in ein Sieb geben, gut abtropfen lassen und in eine Schüssel füllen.
3. Für das Dressing den Ingwer, 2 EL Zitronensaft, 3 EL Olivenöl und das Sesamöl in eine kleine Schüssel geben und die Zutaten mit einem Schneebesen schaumig schlagen. Mit Salz und Pfeffer würzen. Olivenöl esslöffelweise hinzufügen, wenn eine sämigere Konsistenz bevorzugt wird. 4 EL Dressing in die gekochten Linsen geben und vorsichtig unterheben. Beiseite stellen.
4. Für den Salat in einer Pfanne 2 EL Olivenöl erwärmen. Den Knoblauch hineingeben und unter ständigem Rühren 1 Minute anbraten. Die Pfanne von der Herdplatte nehmen und beiseite stellen.
5. In einer großen Pfanne 3 EL Olivenöl bei mittlerer bis hoher Hitze erwärmen. Die Jakobsmuscheln mit Salz und Pfeffer würzen und auf jeder Seite 2 Minuten scharf anbraten. Die Muscheln dürfen nicht zu lange braten, weil sie sonst zäh werden.
6. Den Sesam in eine kleine Pfanne geben und bei mittlerer Hitze ca. 30 Sekunden rösten, bis sich ihr nussiges Aroma entfaltet. Die Pfanne schütteln, damit der Sesam nicht anbrennt. Anschließend in der Pfanne abkühlen lassen.
7. Salat und Rucola auf einem großen Teller anrichten. Linsen und Muscheln darauf legen und mit Dressing und Sesam garnieren.

Thunfisch mit Za'atar und Tahinisoße

Za'atar ist eine Gewürzmischung, die aus dem Nahen Osten stammt und mittlerweile so beliebt ist, dass sie sogar in der Gewürzabteilung herkömmlicher Supermärkte zu finden ist. Aber was halten Sie davon, Ihre eigene Mischung zuzubereiten? Za'atar ist ein vielseitiges Grundrezept, das Sie in Ihr Küchenrepertoire aufnehmen können und auch sollten: Es eignet sich nicht nur, um geröstete Nüsse oder sautiertes Gemüse zu würzen, sondern passt auch fantastisch zu allen anderen Gerichten, in denen getrocknete Kräuter vorkommen.

ERGIBT 4 PORTIONEN

ZA'ATAR

2 EL schwarzer oder weißer Sesam
1 EL getr. Thymian
1 EL gem. Kreuzkümmel
1 EL gem. Koriander
1 EL Sumach-Pulver
½ TL Salz
¼ TL Aleppo-Chiliflocken

THUNFISCH

4 Thunfischsteaks (insgesamt 700 g)
3 EL Olivenöl
6 EL Za'atar
250 ml Tahinisoße (Seite 95)
Salz und Pfeffer

1. Die Zutaten zurechtlegen, vorbereiten und abmessen.
2. Für das Za'atar den Sesam in eine kleine Pfanne geben und bei mittlerer Hitze ca. 30 Sekunden rösten, bis sich ihr nussiges Aroma entfaltet. Die Pfanne schütteln, damit der Sesam nicht anbrennt. Anschließend in der Pfanne abkühlen lassen.
3. Sesam, Thymian, Kreuzkümmel, Koriander, Sumach, Salz und Chiliflocken in eine Gewürzmühle oder eine (saubere!) Kaffeemühle geben und zu einem feinen Pulver mahlen.
4. Die Thunfischsteaks mit 1 EL Olivenöl beträufeln und großzügig mit 6 EL Za'atar, Salz und Pfeffer würzen. In einer schweren Pfanne 2 EL Olivenöl bei mittlerer bis hoher Hitze erwärmen, bis das Öl schimmert, aber noch nicht raucht. Die Thunfischsteaks auf beiden Seiten 2 Minuten scharf anbraten. Von der Herdplatte nehmen und 5 Minuten ruhen lassen.
5. Die warmen Thunfischsteaks auf 4 Tellern anrichten, mit etwas Tahinisoße übergießen und mit einer Prise Za'atar abschmecken.

FLEISCH: RIND, LAMM UND SCHWEIN

Cottage Pie mit Käse-Kartoffelpüree

Wussten Sie, dass der Cottage Pie mit Rinderhack zubereitet wird, der Shepherd's Pie hingegen mit Lammhack? Kartoffeln tragen aber dazu bei, das Topping zu binden. Wenn Sie sich kohlenhydratarm ernähren wollen, können Sie die Kartoffeln auch durch Blumenkohl ersetzen.

ERGIBT 4 PORTIONEN

- 680 g Pastinaken oder Sellerieknolle
- 225 g Kartoffeln
- 1 große Zwiebel
- 1 große Karotte
- 2 Zweige frischer Thymian
- 80 g Cheddar oder Gruyère
- 2 EL Olivenöl
- 450 g Rinderhack
- 250 ml Rinderbrühe
- 2 EL Worcestershiresoße
- 1 EL Tomatenmark
- 60 ml Schlagsahne oder Vollmilch
- 1 EL Butter (Zimmertemperatur)
- Salz und Pfeffer

1. Die Zutaten zurechtlegen, vorbereiten und abmessen. Die Pastinaken (oder die Sellerieknolle) schälen und grob hacken. Die Kartoffeln schälen und grob zerkleinern. Die Zwiebel würfeln. Die Karotte würfeln. Die Thymianblätter von den Zweigen streifen. Den Käse reiben. Eine Auflaufform mit 2 l Fassungsvermögen mit etwas Butter oder Olivenöl einfetten.
2. Einen mittelgroßen Topf mit Salzwasser bei mittlerer bis hoher Hitze zum Kochen bringen, die Pastinaken (oder Sellerieknolle) und Kartoffeln hineingeben und ca. 15 Minuten kochen, bis sie gar sind. Das Wasser abgießen und das Gemüse ca. 10 Minuten im Nudelsieb trocknen lassen.
3. In einer Pfanne das Olivenöl erhitzen und den Rinderhack in 5–7 Minuten durchbraten. Mit Salz und Pfeffer würzen. Die Zwiebel, Karotte und etwa 2 TL Thymianblätter dazugeben. Die Mischung unter gelegentlichem Rühren ca. 5 Minuten weiterkochen, bis die Zwiebelwürfel glasig und die Karotten gar, aber noch bissfest sind. Die Rinderbrühe, Worcestershiresoße und das Tomatenmark hinzufügen. Die Hitze herunterschalten und die Mischung 15 Minuten leise weiterköcheln lassen.
4. Die Pastinaken (oder Sellerieknolle) und Kartoffeln in eine Schüssel geben und mit der Sahne (oder Milch) und Butter zu einem Püree stampfen. Die Hälfte des geriebenen Käses einrühren.
5. Den Backofen auf 180 °C vorheizen. Die Fleisch-Gemüse-Mischung in die vorbereitete Auflaufform geben, das Püree gleichmäßig darüber verteilen und mit dem übrigen Käse bestreuen. Den Pie unbedeckt 30 Minuten backen, bis der Käse goldbraun ist. Den Auflauf aus dem Ofen nehmen und 10 Minuten ruhen lassen, damit er beim Aufschneiden nicht auseinanderfällt.
6. Den Pie in flachen Schalen servieren.

Flanksteak in Rotwein-Dijonsenf-Marinade

Flanksteak ist zwar etwas zäher als andere Teilstücke vom Rind, ist dafür aber sehr geschmacksintensiv. Weil es relativ fettarm ist, darf Ihre Beilage üppiger ausfallen: Salat mit Crème-fraîche-Dressing, Rosenkohl mit Knoblauchbutter, alles mit Käse … Bereiten Sie dieses Rezept mehrere Stunden oder sogar einen Tag im Voraus zu, damit das Fleisch in Ruhe marinieren kann.

ERGIBT 4 PORTIONEN

4 Knoblauchzehen
175 ml Rotwein
3 EL Dijonsenf
3 EL Olivenöl
675 g Flanksteak
Salz und Pfeffer

1. Die Zutaten zurechtlegen, vorbereiten und abmessen. Den Knoblauch hacken.
2. Den Knoblauch mit 125 ml Wein, 2 EL Senf, 2 EL Olivenöl, Salz und Pfeffer verrühren. Das Steak in eine säurebeständige Schüssel geben, mit der Marinade begießen, mit Plastikfolie abdecken und 8–12 Stunden in den Kühlschrank stellen.
3. Das Steak aus der Marinade heben und diese beiseite stellen. Das Fleisch mit Küchenpapier abtupfen und mit Salz und Pfeffer würzen.
4. In einer Grillpfanne 1 EL Olivenöl bei hoher Hitze erwärmen. Das Steak in die Pfanne geben und unter mehrmaligem Wenden braten; nach 10–12 Minuten sollte es medium rare sein. Das Steak auf ein Holzbrett geben, lose mit Alufolie abdecken und 10 Minuten ruhen lassen.
5. Die Marinade in einen kleinen Topf geben, auf hohe Stufe schalten und ohne Umrühren 5 Minuten kochen. Die verbleibenden 50 ml Wein hinzufügen, die Soße noch einmal aufkochen und 5 Minuten leise weiterköcheln lassen. Den Topf von der Herdplatte nehmen und 1 EL Senf hineinrühren.
6. Das Fleisch gegen die Faserrichtung in dünne Scheiben schneiden, auf Tellern anrichten und mit etwas Rotweinsoße übergießen.

Pikanter Hackbraten mit Gruyère

Die Zubereitung eines Hackbratens ist eine lohnenswerte Investition. Sie investieren natürlich Ihre Zeit. Wenn Sie schon am Herd stehen, können Sie auch ein Gericht zubereiten, das aufgewärmt genauso gut schmeckt wie frisch gekocht. Dieser Hackbraten besticht durch eine besondere Zutat: Er hat zwei Schichten Gruyère, eine innen und eine außen. Er schmeckt sowohl warm als auch bei Zimmertemperatur.

ERGIBT 6–8 PORTIONEN

450 g italienische Schweinswurst
1 Zwiebel
4 Knoblauchzehen
8 Stängel glatte Petersilie
3 Eier
450 g Gruyère
50 g in Öl eingelegte, getr. Tomaten
900 g Rinderhack
1 EL getr. Oregano
125 ml Rotwein
1 Bund Basilikum
Salz und Pfeffer

1. Die Zutaten zurechtlegen, vorbereiten und abmessen. Das Wurstbrät aus der Pelle drücken. Die Zwiebel würfeln. Den Knoblauch hacken. Die Petersilie von den Stängeln zupfen und hacken. Die Eier in einer kleinen Schüssel verquirlen. Den Käse reiben. Die getrockneten Tomaten fein würfeln. Den Backofen auf 190 °C vorheizen. Eine Auflaufform mit 2 l Fassungsvermögen mit Backpapier oder Alufolie auslegen.
2. Wurstbrät und Hackfleisch mit Zwiebeln, Knoblauch, Petersilie und Oregano in eine große Schüssel geben und gut mit den Händen vermischen. Mit Salz und Pfeffer würzen. Die Eier und den Wein hinzugeben und alles gut vermengen. Die Mischung auf einer flachen Unterlage oder Arbeitsfläche verteilen und mit den Händen zu einem ca. 5 cm hohen Rechteck formen. ¾ des Gruyère, die getrockneten Tomaten und Basilikumblätter gleichmäßig auf dem Hackfleisch verteilen. Das Hackfleisch aufrollen und die Enden zusammendrücken, damit der Käse nicht auslaufen kann.
3. Den Hackbraten mit der Naht nach unten in die vorbereitete Auflaufform geben und 1 Stunde backen, bis er goldbraun ist. Den verbleibenden Gruyère über den Hackbraten streuen und weitere 5 Minuten backen, bis der Käse zerlaufen ist.
4. Den Hackbraten in dicke Scheiben schneiden und servieren. Er schmeckt sowohl warm als auch bei Zimmertemperatur.

Lammcurry mit Blumenkohlreis

Blumenkohlreis, wo warst du nur all die Jahre? Er besitzt alle Vorteile von Reis, ist aber wesentlich bekömmlicher und die perfekte Beilage für ein Curry oder Chili – oder für alle anderen Gerichte, die man normalerweise mit Reis servieren würde. Die geschmackliche Komplexität des Currys in diesem Rezept braucht als Gegenpol einen schlichten Kontrast: Hier kommt der Blumenkohlreis ins Spiel.

ERGIBT 4–6 PORTIONEN

900 g Lammschulter
2 Zwiebeln
3 Knoblauchzehen
2 scharfe grüne Chilischoten
2,5 cm frischer Ingwer
6 große Tomaten
700 g Blumenkohl oder bereits gekochter Blumenkohlreis
3 EL Ghee oder Kokosöl
1½ EL Garam Masala
1½ EL gem. Kreuzkümmel
1 EL gem. Kurkuma
1 EL Chilipulver
500 ml Kokosmilch
500 ml Hühnerbrühe oder Klassische Hühnerbrühe (Seite 186)
250 g junger Spinat
125 g Joghurt
Salz und Pfeffer

1. Die Zutaten zurechtlegen, vorbereiten und abmessen. Das Lammfleisch würfeln und mit Salz und Pfeffer würzen. Die Zwiebeln und den Knoblauch hacken. Die Chilischoten in feine Ringe schneiden. Den Ingwer reiben; ein 2,5 cm großes Stück sollte etwa 1 EL ergeben. Die Tomaten hacken. Den Blumenkohl in einen Mixer geben und verarbeiten, bis er die Konsistenz von Reiskörnern hat (diesen Schritt überspringen, wenn bereits vorbereiteter Blumenkohlreis verwendet wird).

2. In einem großen Topf mit Deckel 2 EL Ghee (oder Kokosöl) erwärmen, das Lammfleisch hineingeben und scharf anbraten, bis das Fleisch gut gebräunt ist; dies sollte etwa 12–15 Minuten dauern. Je nach Topfgröße wird man das Fleisch eventuell portionsweise anbraten müssen, damit das Lamm nicht geschmort wird. Das Fleisch auf einen Teller geben und beiseite stellen.

3. Die Zwiebeln, den Knoblauch, Chili und Ingwer in den Topf geben und bei mittlerer bis hoher Hitze ca. 3 Minuten sautieren, bis die Zutaten aromatisch duften und die Zwiebelwürfel glasig sind. Der Knoblauch darf dabei nicht anbrennen. Garam Masala, Kreuzkümmel, Kurkuma und Chilipulver hinzufügen und 1 Minute verrühren, damit sich die Aromen der Gewürze vermischen und ihren vollen Duft entfalten. Die Tomaten dazugeben und einige Minuten kochen, bis der Saft aus den Tomaten reduziert ist. Mit Salz und Pfeffer würzen.

4. Die Kokosmilch und Brühe mit einem Holzlöffel einrühren, den Bratensatz vom Topfboden lösen und aufkochen lassen. Die Herdplatte auf mittlere Stufe schalten, das Lammfleisch wieder in den Topf geben und halb zugedeckt bei niedriger Hitze ca. 1 Stunde köcheln lassen, bis das Fleisch sehr zart ist.

5. Während das Curry leise köchelt, in einer großen Pfanne 1 EL Ghee (oder Kokosöl) bei mittlerer Hitze erwärmen. Den Blumenkohlreis in die Pfanne geben und unter ständigem Rühren mit dem Ghee vermischen. Mit Salz und Pfeffer würzen. Die Pfanne abdecken, die Hitze auf mittlere bis niedrige Stufe schalten, und 5 Minuten leise weiterköcheln lassen, bis der Blumenkohl warm, aber noch nicht verkocht ist. (Die Pfanne mit dem Blumenkohlreis von der Herdplatte nehmen, wenn das Lamm noch nicht gar ist.)
6. Wenn das Fleisch zart ist, die Spinatblätter dazugeben und den Joghurt einrühren. Mit Salz und Pfeffer würzen.
7. Den Blumenkohlreis auf 4 Tellern anrichten und das Lammcurry darauf verteilen.

Rinder-Shortribs (Querrippe) mit Sternanis und Szechuanpfeffer

Für dieses Rezept brauchen Sie einen Slow-Cooker oder einen Schnellkochtopf. Halten Sie sich an die Kochanweisungen des Herstellers oder suchen Sie im Internet nach Rezepten für Shortribs. Unabhängig davon, welche Kochmethode Sie verwenden – Sie müssen das Fleisch zuerst kurz anbraten und dann langsam schmoren, damit es butterzart wird und ein herrlich würziges Aroma annimmt, das durch Sternanis, Szechuanpfeffer und Kardamom noch zusätzlich verfeinert wird.

ERGIBT 6–8 PORTIONEN

2 Zwiebeln
7,5 cm frischer Ingwer
225 g Shiitakepilze
2 Knoblauchzehen
3 EL Olivenöl
1,5 kg Rinder-Shortribs
2 Sternanise
2 TL Szechuanpfeffer aus der Mühle
1 TL gem. Kardamom
1 EL Sojasoße
500 ml Rinderknochenbrühe (Seite 190)
Salz und Pfeffer

1. Die Zutaten zurechtlegen, vorbereiten und abmessen. Die Zwiebeln hacken. Den Ingwer reiben. Die Pilze und den Knoblauch in Scheiben schneiden. Den Backofen auf 135 °C vorheizen.

2. In einem gusseisernen oder emaillierten Topf (oder einem anderen ofenfesten Topf mit Deckel) 2 EL Olivenöl bei mittlerer bis hoher Hitze erwärmen. Die Shortribs mit Salz und Pfeffer würzen und auf allen Seiten scharf anbraten, bis sie dunkelbraun sind; dies sollte 15–20 Minuten dauern. Den Topf von der Herdplatte nehmen und beiseite stellen; das Öl in der Pfanne nicht abgießen.

3. Zwiebeln, Ingwer, Pilze und Knoblauch zum heißen Öl in den Topf geben und 5–7 Minuten sautieren, bis die Zwiebeln glasig sind. Sternanis, Szechuanpfeffer und Kardamom hinzufügen. Alles unter ständigem Rühren 30 Sekunden anbraten, bevor die Shortribs wieder in den Topf gegeben werden. Die Sojasoße und ausreichend viel Brühe hinzufügen, damit das Fleisch zur Hälfte bedeckt ist (dafür ist unter Umständen weniger als ½ l Brühe erforderlich). Den Topf zudecken und 3 ½–4 Stunden im Ofen schmoren, bis das Fleisch vom Knochen fällt.

4. Die Rippen in eine Schüssel geben, die Knochen entfernen und das Fleisch mit zwei Gabeln zerreißen. Das Fett von der Oberfläche des Schmorsaftes abgießen. Die Flüssigkeit 8–10 Minuten bei hoher Hitze kochen, bis sie eingedickt ist und ein intensives Aroma verströmt. Die Sternanise aus der Soße entfernen.

5. Das Fleisch auf Teller verteilen und mit etwas Bratensaft übergießen. Den restlichen Saft separat reichen.

Schweinebauch mit Sternanis

Das Geheimnis dieses Rezepts liegt in der Zubereitungsart: Der Schweinebauch schmort in seinem eigenen Saft. Wenn der obere Teil des Fleisches über die Flüssigkeit hinausragt, kann das Fett schmelzen und das Fleisch knusprig-braun werden. Decken Sie das Fleisch nicht völlig ab; lassen Sie es schmoren!

ERGIBT 4 PORTIONEN

900 g Schweinebauch
1 Fenchelknolle
3 Knoblauchzehen
4 Kardamomkapseln
1 EL Olivenöl
4 Lorbeerblätter
4 Sternanise
1 EL Fenchelsaat
325 ml Weißwein
500–750 ml Hühnerbrühe oder Klassische Hühnerbrühe (Seite 186)
1 EL körniger Senf
Salz und Pfeffer

1. Die Zutaten zurechtlegen, vorbereiten und abmessen. Die Haut des Schweinebauchs rautenförmig einschneiden. Großzügig mit Salz und Pfeffer würzen. Den Fenchel in Scheiben schneiden und die holzigen Strünke entfernen. Den Knoblauch schälen und zerdrücken. Die Kardamomkapseln mit Mörser und Stößel zerstoßen. Den Backofen auf 180 °C vorheizen.
2. Einen Bräter auf die Herdplatte stellen, Olivenöl hineingeben und bei mittlerer Hitze erwärmen. Fenchel, Knoblauch, Kardamom, Lorbeerblätter, Sternanise und Fenchelsaat hineingeben und unter Rühren einige Minuten anbraten. Das Gemüse und die Gewürze zur Seite schieben und das Schweinefleisch mit der Hautseite nach unten in den Bräter geben, bis die Haut gut gebräunt und knusprig ist. Das Fleisch wenden.
3. Den Wein in den Bräter geben, um den Bratensatz vom Pfannenboden zu lösen, ohne die knusprige Fettschicht mit der Flüssigkeit in Berührung zu bringen. Die Flüssigkeit aufkochen lassen und so viel Brühe in den Bräter gießen, dass das Fleisch bedeckt ist und nur die Haut herausragt. Den Bräter in den Ofen geben und das Fleisch 2 ½ Stunden unbedeckt schmoren.
4. Den Schweinebauch auf ein Holzbrett geben, lose mit Alufolie abdecken und mindestens 10 Minuten ruhen lassen.
5. Den Bratensaft von überschüssigem Fett befreien und mit dem verbleibenden Schmorsaft wieder auf die Herdplatte stellen, auf mittlere Stufe schalten, den Senf einrühren und bei Bedarf mit Salz und Pfeffer abschmecken. Die Lorbeerblätter, Sternanise und Kardamomkapseln entfernen.
6. Das Schweinefleisch vor dem Servieren in Scheiben schneiden, auf 4 Teller verteilen und mit etwas Soße übergießen.

Schweinelende mit Fünf-Gewürze-Pulver und Ingwer-Knoblauch-Soße

Das chinesische Fünf-Gewürze-Pulver verleiht diesem Rezept einen Geschmack, der schwer zu identifizieren ist, wenn man das Gewürz nicht kennt; es ist außerdem sehr appetitanregend. Weil Schweinelende mager ist, ist das Kokosöl in der Ingwer-Knoblauch-Soße wichtig, damit das Gericht eine samtig-sättigende Note erhält.

ERGIBT 4 PORTIONEN

INGWER-KNOBLAUCH-SOSSE

1 Limette
1 Knoblauchzehe
2,5 cm frischer Ingwer
125 ml Tamari
2 EL Kokosöl
1 TL Reisweinessig

LENDE

1 TL Knoblauchpulver
1 TL gem. Ingwer
1 TL Fünf-Gewürze-Pulver
2 Stängel Koriandergrün
680 g Schweinelende
1 EL Olivenöl
125 ml Ingwer-Knoblauch-Soße
Salz und Pfeffer

1. Die Zutaten zurechtlegen, vorbereiten und abmessen. Die Schale der Limette dünn abreiben und den Saft auspressen. Den Knoblauch hacken. Den Ingwer reiben. Knoblauch-, Ingwer- und Fünf-Gewürze-Pulver in einer kleinen Schüssel vermischen. Das Koriandergrün von den Stängeln zupfen und hacken. Den Backofen auf 200 °C vorheizen. Ein großes Stück Wachspapier oder Plastikfolie zurechtlegen.

2. Für die Schweinelende das Wachspapier oder die Plastikfolie auf die Arbeitsfläche legen und mit den Gewürzen bestreuen. Die Schweinelende darauf legen und in der Gewürzmischung rollen. In einer schweren Pfanne das Olivenöl bei mittlerer bis hoher Hitze erwärmen und die Lende 4–6 Minuten auf allen Seiten scharf anbraten. Das Schweinefleisch auf ein Backblech geben, und 12–15 Minuten rösten. Danach aus dem Ofen nehmen, lose mit Alufolie bedecken und auf dem Backblech ruhen lassen.

3. Für die Soße 1 EL Limettensaft, 2 TL Limettenschale, Knoblauch, 2 TL Ingwer, Tamari, Kokosöl und Essig in eine kleine Schüssel geben und alles gut vermischen. Etwa 2 EL Wasser in die Pfanne geben, in der das Fleisch bei mittlerer bis hoher Hitze gebraten wurde, und den Bratensatz mit einem Holzlöffel vom Boden lösen. Die Ingwer-Knoblauch-Mischung einrühren und alles reduzieren, bis die Soße nach etwa 5 Minuten eingedickt ist. Beiseite stellen.

4. Das Schweinefleisch auf ein Schneidebrett legen und in dünne Scheiben schneiden. Die Scheiben auf 4 Teller verteilen und mit 2 EL Soße übergießen.

Scharf angebratene Schweinekoteletts mit Salbei und Äpfeln

Dieses Gericht sieht zwar sehr aufwendig aus, lässt sich aber schnell zubereiten, sodass es sich bestens für ein besonderes Abendessen eignet. Bearbeiten Sie die Koteletts vorher mit einem Fleischklopfer, damit sie vor dem Kochen weich sind – seien Sie nicht zu zaghaft. Ich trinke beim Kochen gerne ein Glas Wasser mit einem Schuss Apfelessig. Klingt seltsam, ich weiß, aber probieren Sie es aus!

ERGIBT 4 PORTIONEN

- 2 kleine säuerliche Äpfel
- 680 g Schweinekoteletts (6–8 Koteletts)
- 6 Knoblauchzehen
- 2 EL Butter
- gem. Zimt
- 3 EL Olivenöl
- 4 Sardellen
- 12 Salbeiblätter
- 1 EL Apfelessig
- Salz und schwarzer Pfeffer aus der Mühle

1. Die Zutaten zurechtlegen, vorbereiten und abmessen. Die Äpfel entkernen und achteln, aber nicht schälen. Die Koteletts mit einem Fleischklopfer auf eine Dicke von 1 cm klopfen. Den Knoblauch schälen und zerdrücken.
2. In einer großen Pfanne die Butter bei mittlerer Hitze zerlassen. Die Äpfel mit einer Prise Zimt, Salz und Pfeffer hineingeben und unter gelegentlichem Rühren 12–15 Minuten garen, bis die Äpfel weich, aber noch nicht zu Mus zerfallen sind. Die Äpfel und den ausgetretenen Saft in eine Schüssel geben.
3. In derselben Pfanne 1 ½ EL Olivenöl erwärmen und 3 Knoblauchzehen, 2 Sardellen, 6 Salbeiblätter und eine große Prise schwarzen Pfeffer hineingeben und ca. 30 Sekunden anbraten. Die Hälfte der Koteletts in die Pfanne geben und auf jeder Seite 2 Minuten scharf anbraten, bis sie stellenweise gut gebräunt sind. Die fertig gebratenen Koteletts auf einen Servierteller geben und warm halten. Den Vorgang mit dem verbliebenen Olivenöl, Knoblauch, Sardellen, Salbeiblättern und Koteletts wiederholen.
4. Dieselbe Pfanne wieder auf mittlerer Stufe stellen, den Essig hineingeben und in ca. 2 Minuten mit einem Holzlöffel den Bratensatz vom Pfannenboden lösen. Die Flüssigkeit sollte leicht einkochen und anfangen einzudicken. Die Soße über die Äpfel geben.
5. Die Koteletts auf einer Platte anrichten. Mit den Apfelspalten garnieren und mit dem Bratensaft übergießen.

Schweinebraten mit Dijonsenf und Chipotle

Köstliche Duftschwaden werden stundenlang durch Ihr Haus ziehen, wenn dieser Schweinebraten im Ofen gart. Das verwendete Fleischstück ist preisgünstig und eignet sich daher perfekt, um viele Gäste zu bewirten. Für Ihre Geduld werden Sie mit einem Braten belohnt, der unglaublich zart und aromatisch ist.

ERGIBT 6–8 PORTIONEN

2 kg Schweinefleisch (Ober- oder Unterschale, ohne Knochen)
2 Zweige frischer Thymian
3 Knoblauchzehen
1 TL gem. Chipotle-Chili oder Rosenpaprika
2 EL Dijonsenf
Salz und Pfeffer

1. Die Zutaten zurechtlegen, vorbereiten und abmessen. Das Schweinefleisch mit Küchengarn zusammenbinden. Das Fleisch großzügig mit Salz und Pfeffer würzen und mit der Speckschicht nach oben in einen kleinen Bräter oder eine kleine Auflaufform legen, die von dem Braten vollständig ausgefüllt wird. Das Fleisch etwa 1 Stunde bei Zimmertemperatur ruhen lassen. Die Thymianblätter von den Zweigen streifen und hacken. Den Knoblauch hacken. Den Backofen auf 245 °C vorheizen.
2. Den Thymian, Knoblauch, Chipotle-Chili (oder Paprika), Senf, Salz und Pfeffer in eine kleine Schüssel geben und alles gut verrühren. Die Senfmischung mit einem Kochpinsel auf das Fleisch auftragen.
3. Das Schweinefleisch 15 Minuten im Ofen rösten, herausnehmen, und den Ofen auf 95 °C herunterschalten. Das Fleisch mit Alufolie abdecken, wieder in den Ofen schieben und 8 Stunden schmoren.
4. Das noch warme Schweinefleisch in dünne Scheiben schneiden und auf Tellern anrichten. Oder das Fleisch abkühlen lassen und über Nacht zugedeckt in den Kühlschrank stellen; unmittelbar vor dem Aufschneiden und Anrichten zugedeckt bei 120 °C etwa 30 Minuten im Ofen aufwärmen.

Shepherd's Pie mit Süßkartoffelpüree

Dieses Rezept ist ein authentischer Shepherd's Pie, der mit Lammhack zubereitet wird. Der Pie schmeckt auch mit Hackfleisch, das zu gleichen Teilen aus Rinder- und Schweinehack besteht, falls Sie im Supermarkt kein Lammhack finden können. Anstelle des üblichen Toppings aus Kartoffelpüree verwende ich Süßkartoffeln, die nicht nur nährstoffreicher sind und weniger Stärke enthalten, sondern auch geschmacklich besser zum Lamm passen ... Nur zu, probieren Sie es aus!

ERGIBT 4–6 PORTIONEN

2 Süßkartoffeln
4 Karotten
1 Selleriestange
1 Zwiebel
4 Scheiben Speck
3 EL Butter
gem. Muskat
2 EL Olivenöl
2 Lorbeerblätter
450 g Lammhack
1 Dose Eiertomaten mit Saft (400 g)
250 ml Hühnerbrühe oder Klassische Hühnerbrühe (Seite 186)
3 Zweige frischer Thymian
1 Zweig frischer Rosmarin
Salz und Pfeffer

1. Die Zutaten zurechtlegen, vorbereiten und abmessen. Die Süßkartoffeln schälen und würfeln. Karotten, Sellerie und Zwiebel hacken. Den Speck stifteln.
2. In einem großen Topf Salzwasser zum Kochen bringen, die Süßkartoffeln hineingeben und ca. 15 Minuten kochen, bis sie gar sind. Das Wasser abgießen und die Süßkartoffeln mit Butter und einer Prise Muskat zu Püree stampfen.
3. Während die Süßkartoffeln kochen, in einer Pfanne das Olivenöl bei mittlerer Hitze erwärmen. Karotten, Sellerie, Zwiebel und Lorbeerblätter hineingeben und 8–10 Minuten sautieren, bis die Zwiebeln glasig und die Karotten weich sind. Den Speck hinzufügen und 5 Minuten braten, bis er gut gebräunt und das Fett größtenteils ausgelassen ist. Das Lammhack hinzufügen und unter gelegentlichem Rühren etwa 10 Minuten braten, bis es gleichmäßig gebräunt ist. Die Tomaten inklusive Saft, Brühe, Thymian und Rosmarin hinzufügen. Mit Salz und Pfeffer würzen.
4. Den Ofen auf 200 °C vorheizen. Die Lammmischung in eine Auflaufform mit 2 l Fassungsvermögen geben und das Süßkartoffelpüree gleichmäßig darüber verteilen. Den Pie 25–30 Minuten backen, bis die Oberfläche Blasen wirft und stellenweise gebräunt ist.
5. Den Pie in große Stücke schneiden und auf Tellern anrichten.

Schweinelendenbraten mit Tee-Marinade

Tee ist eine unglaublich vielseitige Zutat, deshalb sollte man mehr damit machen, als ihn einfach nur in Wasser ziehen zu lassen und zu trinken. Warum betrachten Sie ihn nicht als Kräutermischung, mit der man Gerichte würzen kann? Tee ist sehr aromatisch, vor allem der intensiv nach Bergamotte riechende Earl Grey. Er ist auch eine erlesene Trockenmarinade für Schwein, Huhn oder Fisch.

ERGIBT 4 PORTIONEN

6 EL Earl-Grey-Tee (lose Teeblätter)
1 EL Knoblauchpulver
1 EL Zwiebelpulver
1 EL Olivenöl
1,3 kg Schweinelende
Salz und Pfeffer

1. Die Zutaten zurechtlegen, vorbereiten und abmessen. Den Ofen auf 235 °C vorheizen. Ein Backblech mit Backpapier auslegen.
2. Die Teeblätter, das Knoblauchpulver und das Zwiebelpulver vermischen und die Gewürzmischung auf dem vorbereiteten Backblech verteilen. Die Hände oder einen Kochpinsel benutzen, um die Schweinelende mit Olivenöl zu bestreichen und in der Gewürzmischung zu wälzen. Großzügig mit Salz und Pfeffer würzen.
3. Die Schweinelende mit der Hautseite nach oben in einen kleinen Bräter oder eine kleine Auflaufform geben, die von dem Braten vollständig ausgefüllt wird, und 20 Minuten rösten. Den Ofen auf 175 °C herunterschalten und die Lende weitere 40 Minuten rösten. Das Schweinefleisch auf ein Holzbrett legen, lose mit Alufolie abdecken und 10 Minuten ruhen lassen.
4. Die Schweinelende in Scheiben schneiden und auf Tellern anrichten.

Lamm-Kleftiko

Fangen Sie die Zubereitung am Vortag an, damit das Lamm ausreichend lange marinieren kann. Sobald es im Ofen ist, können Sie mit Ihren Lieben ein Glas Ouzo genießen, während schon bald der Duft des Mittelmeers durch Ihr Haus zieht.

ERGIBT 6–8 PORTIONEN

12 Knoblauchzehen
4 mittelgroße Pastinaken
2 rote Zwiebeln
2 rote Paprikaschoten
2 kg Lammschulter
1 EL Olivenöl
2 TL getr. Oregano
1 TL gem. Zimt
2 Zitronen
450 g Kirschtomaten
1 Lorbeerblatt
Salz und Pfeffer

1. Die Zutaten zurechtlegen, vorbereiten und abmessen. Den Knoblauch schälen und zerdrücken. 6 Knoblauchzehen mit Mörser und Stößel zerstoßen und zu einer Paste verarbeiten. Die Pastinaken schälen und hacken. Die Zwiebeln in Scheiben schneiden. Die Paprikaschoten schneiden und entkernen.

2. Die Lammschulter in eine Schüssel geben, mit Olivenöl einreiben und mit Oregano, Zimt, Salz und Pfeffer bestreuen. Das Lamm mit der Knoblauchpaste einreiben. Eine Zitrone aufschneiden und den Saft über dem Lamm auspressen. Das Fleisch abdecken und 8–12 Stunden in den Kühlschrank stellen.

3. Den Backofen auf 160 °C vorheizen. Die verbleibenden 6 Knoblauchzehen, Pastinaken, Zwiebeln, Paprika, Tomaten und das Lorbeerblatt in einen schweren ofenfesten Topf mit Deckel geben. Die zweite Zitrone aufschneiden, den Saft über dem Gemüse auspressen, und die Schale der Zitrone dünn abreiben und ein paar Streifen der Zitronenschale in den Topf geben. 125 ml Wasser hinzufügen und großzügig mit Salz und Pfeffer würzen. Das Lammfleisch auf das Gemüse legen.

4. Das Backpapier kreisförmig ausschneiden und direkt auf das Lamm legen, damit keine Feuchtigkeit entweicht und das Fleisch in seinem eigenen Saft schmoren kann. Den Topf abdecken und das Fleisch mit Gemüse 4–5 Stunden im Ofen schmoren, bis das Lamm zart ist. Den Topf herausnehmen und den Ofen auf 220 °C schalten. Den Deckel vom Topf nehmen.

5. Den Topf wieder in den Ofen stellen und 15 Minuten unbedeckt garen. Das Lamm auf ein Holzbrett oder eine Platte legen, lose mit Alufolie abdecken und 10–15 Minuten ruhen lassen.

6. Das Gemüse wieder für 10–15 Minuten unbedeckt im Ofen garen. Aus dem Ofen nehmen, Lorbeerblatt entfernen und anrichten.

SÜSSE UND HERZHAFTE SNACKS

Auberginenhummus

Normalerweise besteht Hummus hauptsächlich aus Kichererbsen und Tahini (Sesampaste), aber der orientalische Dip schmeckt mit gebackener Aubergine um Längen besser. Der zusätzliche Zubereitungsaufwand lohnt sich also auf jeden Fall. Hummus eignet sich perfekt als »Mittagessen to go«. Schneiden Sie noch einige Rohkost-Sticks zurecht, und Sie können los!

ERGIBT CA. 500 ML

1½ Dosen Kichererbsen (à 400 g)
4 Knoblauchzehen
1 Zitrone
900 g Aubergine
3 EL Tahini
½ TL Kreuzkümmel
1 EL Olivenöl
Salz und Pfeffer

1. Die Zutaten zurechtlegen, vorbereiten und abmessen. Die Kichererbsen gut abspülen und in einem Sieb abtropfen lassen. Den Knoblauch hacken. Die Schale der Zitrone dünn abreiben (evtl. mit einem Zestenreißer) und den Saft auspressen. Den Ofen auf 200 °C vorheizen. Eine Auflaufform mit Backpapier auslegen.

2. Mit einer Gabel mehrfach in die Auberginen stechen, in die Auflaufform geben und die Auberginen je nach Größe 30–40 Minuten rösten. Das Fruchtfleisch sollte nicht mehr fest und weiß sein, sondern weich und glasig. Die Auberginen aus dem Ofen nehmen und in der Form abkühlen lassen. Die Auberginen aufschneiden, sobald sie ausreichend abgekühlt sind, das Fruchtfleisch herauslöffeln und in einen Mixer geben; die Haut entsorgen.

3. Kichererbsen, Knoblauch, 2 EL Zitronensaft, 1 EL Wasser, Tahini und Kreuzkümmel ebenfalls in den Mixer geben, einschalten und die Zutaten zu einer homogenen Masse verarbeiten. Falls nötig mit mehr Wasser und/oder Zitronensaft verdünnen, die teelöffelweise hinzugefügt werden – je nachdem, ob eine festere oder flüssigere Konsistenz bevorzugt wird. Mit Salz und Pfeffer würzen.

4. Den Hummus in eine Schüssel füllen oder auf einer Servierplatte anrichten, mit ein wenig Olivenöl beträufeln und mit einigen Streifen Zitronenschale garnieren.

Grünkohl-Chips

So isst man seine Gemüse doch gerne! Diese Chips sind mindestens genauso lecker wie Kartoffelchips, enthalten aber deutlich weniger Stärke. Es ist wichtig, die Grünkohlblätter in einer Lage auf dem Backblech zu rösten, weil sie sonst nicht knusprig werden. Sie können auch gleich die doppelte Portion zubereiten.

ERGIBT 4 PORTIONEN

4 bis 6 Handvoll Grünkohl oder Palmkohl
1 EL Olivenöl
2 EL Hefeextrakt
1 TL Salz
1 TL Cayennepfeffer

1. Die Zutaten zurechtlegen, vorbereiten und abmessen. Die Mitteladern von den Grünkohlblättern schneiden und diese in große Stücke reißen. Die Blätter abspülen und auf einem sauberen Küchentuch trocknen lassen. Der Grünkohl muss trocken sein, weil die Chips sonst nicht knusprig werden. Den Backofen auf 150 °C vorheizen. Zwei Bachbleche mit Backpapier auslegen.
2. Die trockenen Grünkohlblätter in eine Schüssel geben und mit Olivenöl einreiben; die Blätter sollten vollständig benetzt sein. Hefeextrakt, Salz und Cayennepfeffer dazugeben und alles gut vermischen.
3. Den Grünkohl einlagig auf beide Backbleche verteilen und diese auf die obere und untere Schiene des Backofens schieben. Nach 10 Minuten das obere und untere Backblech tauschen und den Grünkohl weitere 10 Minuten backen. Aus dem Ofen nehmen und 5 Minuten abkühlen lassen.
4. Die Chips behutsam in eine Schüssel füllen und ordentlich zugreifen! Die Chips halten sich in einem luftdicht verschlossenen Behälter bis zu 3 Tage.

Geröstete Kichererbsen

Eine Handvoll knuspriger, pikant gerösteter Kichererbsen eignet sich bestens als kleiner Snack, um das Fasten zu brechen, oder als außergewöhnliches Salat-Topping. Sie schmecken auch gut als knusprige Einlage für die Zwiebelsuppe mit Käsehaube (Seite 105); in diesem Fall müssen die Kichererbsen unmittelbar vor dem Servieren hinzugefügt werden. Wenn Sie es etwas schärfer mögen, können Sie mehr Chipotle- und Chilipulver benutzen.

ERGIBT MEHRERE HANDVOLL

2 ½ Dosen Kichererbsen (à 400 g)
2 EL Olivenöl
1 TL gem. Kreuzkümmel
1 TL Chipotlepulver
1 TL Chilipulver
Salz und Pfeffer

1. Die Zutaten zurechtlegen, vorbereiten und abmessen. Die Kichererbsen gut abspülen und in einem Sieb abtropfen lassen. Auf einem sauberen Küchentuch trocknen lassen. Den Ofen auf 200 °C vorheizen.

2. Die Kichererbsen in eine Schüssel geben und mit dem Olivenöl, Kreuzkümmel, Chipotle- und Chilipulver vermischen. Anschließend auf ein Backblech geben, mit Salz und Pfeffer würzen und 30–40 Minuten rösten. Das Backblech gelegentlich schütteln und die Kichererbsen wenden, damit sie nicht anbrennen. Nach 25 Minuten sollte geprüft werden, ob die Kichererbsen fertig sind. Sie verkochen sehr schnell. Aus dem Ofen nehmen und auf dem Blech vollständig abkühlen lassen.

3. Die Kichererbsen in eine Schüssel füllen und anrichten. Die Reste halten sich in einem luftdicht verschlossenen Behälter bei Zimmertemperatur bis zu 3 Tage.

Hühnerleber-Pâté

Diese reichhaltige Pâté ist ein köstlicher Aufstrich, wenn sie mit knackigen Gemüsescheiben gegessen wird – zum Beispiel mit Karottenscheiben oder Saatencrackern (Seite 180). Sie wird durch die Zugabe von Weinbrand, Worcestershiresoße und scharfer Soße verfeinert.

ERGIBT CA. 900 G

6 Knoblauchzehen
1 Zwiebel
680 g Hühnerlebern
1 EL Olivenöl
60 ml Weinbrand
1 TL gem. Muskat
1 EL Worcestershiresoße
2 EL scharfe Chilisoße
225 g Butter
Salz und Pfeffer

1. Die Zutaten zurechtlegen, vorbereiten und abmessen. Den Knoblauch schälen, zerdrücken und hacken. Die Zwiebel würfeln. Die Hühnerlebern unter kaltem, fließendem Wasser abspülen und vorhandene Häutchen und Sehnen entfernen. Die Lebern mit Küchenpapier trocken tupfen und auf einen Teller geben.

2. In einer großen Pfanne das Olivenöl bei mittlerer bis hoher Hitze erwärmen. Die Zwiebel und den Knoblauch hineingeben und unter häufigem Rühren 4 Minuten anbraten, bis sie gut gebräunt sind. Die Hühnerlebern hinzufügen. Großzügig mit Salz und Pfeffer würzen. Die Lebern unter ständigem Rühren 2 Minuten scharf anbraten. Die Hitze auf mittlere bis niedrige Stufe schalten und die Lebern 6–8 Minuten garen, bis sie in der Mitte rosa – nicht rot – sind.

3. Den Weinbrand und Muskat hinzufügen und den Bratensatz mit einem Holzlöffel vom Pfannenboden lösen. Die Worcestershiresoße und scharfe Soße hineingeben, die Pfanne von der Herdplatte nehmen und den Inhalt in ein Glas füllen. 10 Minuten abkühlen lassen und für 20 Minuten in den Kühlschrank stellen. Nach 10 Minuten noch einmal umrühren.

4. Knoblauch, Zwiebel, Hühnerlebern und den ausgetretenen Saft in einen Mixer geben. Alles zu einem groben Brei verarbeiten und dann die Butter hinzufügen, immer 2 EL auf einmal. Die Mischung immer wieder von den Innenwänden des Mixers kratzen, damit eine homogene Masse entsteht. Mit Salz und Pfeffer würzen.

5. Die Pâté in eine mittelgroße Schüssel füllen, mit Plastikfolie abdecken und darauf achten, dass die Plastikfolie luftdicht auf der Oberfläche aufliegt. Mindestens 1 Stunde in den Kühlschrank stellen; sie hält sich bis zu 1 Woche.

6. Die Pâté vor dem Servieren auf Zimmertemperatur bringen.

Mandel-Feigen-Kuchen

Dieser traditionelle Kuchen mit Mandelmehl und Olivenöl ist die ideale Wahl, wenn man sich zu besonderen Anlässen etwas Süßes gönnen will. Er enthält kein raffiniertes Getreide oder raffinierten Zucker, nur ein klein wenig reinen Honig. Richten Sie den Kuchen bei Bedarf mit frischem Obst an.

ERGIBT EINEN KUCHEN MIT 20 CM DURCHMESSER

1 Zitrone
10 frische Feigen
60 ml Olivenöl
60 ml Honig
2 große Eier
250 g Mandelmehl
1 ½ TL Backpulver
⅛ TL Salz

1. Die Zutaten zurechtlegen, vorbereiten und abmessen. Die Schale der Zitrone dünn abreiben (evtl. mit einem Zestenreißer) und den Saft auspressen. Die Feigen der Länge nach aufschneiden. Den Backofen auf 175 °C vorheizen. Eine runde Kuchenform mit einem Durchmesser von 20 cm einfetten oder den Boden und die Seiten mit Backpapier auskleiden.
2. 2 EL Zitronensaft, 1 EL Zitronenschale, Olivenöl, Honig und Eier in eine große Schüssel geben und vermischen. Mandelmehl, Backpulver und Salz einrühren und alles gut vermengen, bis eine homogene Masse entsteht. Den Teig in die vorbereitete Kuchenform geben und die Feigenscheiben symmetrisch auf der Oberfläche verteilen. Den Kuchen 30–35 Minuten backen, bis ein in die Kuchenmitte eingesetzter Holzspieß ohne Teigrückstände herausgezogen werden kann.
3. Den Kuchen auf einen Teller stürzen und erneut wenden, damit die Seite mit den Feigen wieder oben ist. Den Kuchen auf einem Gitterrost vollständig abkühlen lassen.
4. Den Kuchen in gleich große Stücke schneiden und auf Tellern anrichten.

Guacamole mit knackigem Gemüse

Dieser klassische Dip erscheint durch die Zugabe von Tomatenwürfeln und roten Zwiebeln in einem farbenfrohen Gewand. Er schmeckt besonders lecker, wenn er sehr frisch serviert wird, idealerweise mit knackigen Kreuzblütlern wie Brokkoli und Blumenkohl, aber Sie können das Gemüse auch blanchieren und damit bekömmlicher machen. Die Guacamole sollte stückig und nicht zu fein oder gar breiig sein.

ERGIBT CA. 500 ML

3 reife Avocados
2 Knoblauchzehen
1 Jalapeño-Chilischote
2 Limetten
225 g Snacktomaten
1 rote Zwiebel
4 Stängel Koriandergrün
Salz und Pfeffer

GEMÜSEEMPFEHLUNGEN:

- Blumenkohl: 3 Minuten blanchiert
- Brokkoli: 3 Minuten blanchiert
- Chicoree: einzelne Blätter
- Karotten: roh und gestiftelt
- Radieschen: halbiert
- rote und gelbe Paprika: der Länge nach in Streifen geschnitten
- Sellerie: roh und gestiftelt

1. Die Zutaten zurechtlegen, vorbereiten und abmessen. Die Avocados halbieren, den Kern entfernen, das Fruchtfleisch herauslösen und in eine große Schüssel geben. Den Knoblauch hacken. Die Chilischote entkernen und ebenfalls hacken. Die Schale der Limetten dünn abreiben (evtl. mit einem Zestenreißer) und den Saft auspressen. Die Tomaten hacken. Die Zwiebel fein würfeln. Das Koriandergrün hacken.
2. Die Avocado mit einer Gabel grob zerdrücken, bis sie stückig ist. Knoblauch, Jalapeño, 1 EL Limettenschale, 2 EL Limettensaft, Tomaten, Zwiebeln und Koriandergrün einrühren. Bei Bedarf mit mehr Limettensaft abschmecken. Mit Salz und Pfeffer würzen.
3. Die Guacamole in eine Schale füllen. Wenn sie im Voraus zubereitet und erst später serviert werden soll, kann man sie mit etwas Limettensaft beträufeln, mit Plastikfolie zudecken – dabei ist wichtig, dass die Plastikfolie luftdicht auf der Oberfläche aufliegt – und bis zu 4 Stunden im Kühlschrank aufbewahren.
4. Das Gemüse auf einem Servierteller anrichten und die Guacamole separat dazu reichen.

Pikant geröstete Nüsse

Nüsse sind eine gute Wahl, wenn Sie gesundes Fett mit Protein und Ballaststoffen zu sich nehmen wollen – und das sollten wir alle anstreben! Dieses Rezept ist kinderleicht, und die pikanten Nüsse sind die perfekte Begleitung zu einem Glas Rotwein. Es empfiehlt sich, immer eine Portion davon bereitzuhaben, damit man schnell zugreifen kann, wenn sich der Appetit regt.

ERGIBT CA. 250 G

1 EL Olivenöl
2 TL Salz
½ TL gem. Kreuzkümmel
½ TL gem. Ingwer
½ TL Chilipulver
½ TL Cayennepfeffer
¼ TL gem. Zimt
250 g gemischte rohe Nüsse
Salzflocken oder grobes Meersalz

1. Die Zutaten zurechtlegen, vorbereiten und abmessen. Den Backofen auf 150 °C vorheizen. Ein Backblech mit Backpapier auslegen.
2. In einer großen Schüssel Olivenöl, Salz, Kreuzkümmel, Ingwer, Chili, Cayennepfeffer und Zimt vermischen und die Nüsse dazugeben. Alles gut vermengen, bis die Nüsse rundum mit der Würzmischung bedeckt sind. Die Nüsse auf dem Backblech verteilen und 10–15 Minuten rösten, bis sie duften und stellenweise goldbraun sind. Die Nüsse regelmäßig kontrollieren, damit sie nicht anbrennen.
3. Das Blech aus dem Ofen nehmen und die Nüsse 5 Minuten auf dem Blech abkühlen lassen, bevor Sie sie mit Salzkörnern oder -kristallen bestreuen. Anschließend völlig abkühlen lassen.
4. Die Nüsse in eine kleine Schüssel füllen. Die Reste halten sich in einem luftdichten Behälter bei Zimmertemperatur bis zu 2 Wochen.

Ricotta mit eingestrudeltem Pesto

Cremige Ricotta mit eingestrudeltem frischen Basilikumpesto ist ein perfekter Dip für Gemüse (verwenden Sie dasselbe Gemüse wie für die Guacamole mit knackigem Gemüse, Seite 172) oder die Saatencracker (Seite 180). Pesto lässt sich auch gut einfrieren. Es empfiehlt sich, im Sommer und frühen Herbst, wenn es viel frisches Basilikum gibt, eine große Portion zuzubereiten.

ERGIBT CA. 500 ML

- 2 große Bünde Basilikum
- 1 Knoblauchknolle
- 40 g Pinienkerne
- 30 g Parmesan oder Pecorino
- 125 ml Olivenöl und zusätzliches Olivenöl zum Servieren
- 450 g Ricotta
- Salz und Pfeffer

1. Die Zutaten zurechtlegen, vorbereiten und abmessen. Die Basilikumblätter von den Stängeln zupfen. Die ganzen, ungeschälten Knoblauchzehen in einen kleinen Topf mit kaltem Wasser geben, aufkochen, das Wasser abgießen und den Vorgang ein zweites Mal wiederholen. Die Schalen abziehen. Die Pinienkerne in einer kleinen Pfanne bei mittlerer Hitze rösten, bis sie goldbraun sind und herrlich duften. Den Parmesan oder Pecorino reiben.

2. ¾ der Basilikumblätter mit 4 pochierten Knoblauchzehen, Pinienkernen und Olivenöl in einen Mixer geben und alles zu einer homogenen Masse verarbeiten. Das Pesto in eine Schüssel füllen und den Parmesan oder Pecorino einrühren. Mit Salz und Pfeffer würzen.

3. Die Ricotta auf einen Servierteller geben und glatt streichen. Das Pesto so einstrudeln, dass ein spiralförmiges Muster entsteht. Die übrigen Basilikumblätter über die Ricotta-Pesto-Mischung geben und mit ein wenig Olivenöl beträufeln. Bei Bedarf mit mehr Salz und Pfeffer abschmecken.

Nussriegel mit Schokolade

Die Originalversion dieses Rezepts enthält Ahornsirup, aber ohne seine intensive Süße kommen die Aromen der Nüsse und Schokolade wesentlich besser zur Geltung. Wer braucht schon zusätzlichen Zucker? Bei diesen Riegeln gilt die Devise: »Weniger ist mehr!«

ERGIBT 16–24 RIEGEL

80 g rohe oder geröstete Mandeln, Pekan- oder Walnüsse
80 g entsteinte Datteln
1 Eiweiß
340 g Quinoaflocken
40 g Leinsamen
1 TL gem. Zimt
1 TL gem. Muskat
60 ml Olivenöl
100 g dunkle Schokolade (70 % Kakaoanteil)
Salz

1. Die Zutaten zurechtlegen, vorbereiten und abmessen. Die Nüsse und Datteln hacken. Das Eiweiß steif schlagen. Den Backofen auf 175 °C vorheizen. Einen 20 x 20 cm großen Bräter bereithalten.
2. Nüsse, Datteln und Eiweiß mit Quinoaflocken, Leinsamen, Zimt, Muskat, Salz und Olivenöl in eine Schüssel geben und alles gut vermischen. Die Masse in den Bräter füllen, andrücken und ca. 30 Minuten backen, bis der Teig fest geworden und goldbraun ist. 1 Stunde im Bräter ruhen lassen.
3. Die Schokolade bei niedriger Hitze in einem doppelwandigen Topf schmelzen lassen oder in eine kleine Schüssel geben und in der Mikrowelle erwärmen. Die Schokolade über den gebackenen Teig träufeln und vollständig abkühlen lassen, bevor die Riegel aufgeschnitten und serviert werden. Die Reste halten sich in einem luftdichten Behälter bei Zimmertemperatur bis zu 3 Tage.

Tamari-Mandeln

Bei diesem Rezept gibt die salzige Tamari-Sojasoße den Ton an. Die Tamari-Mandeln, die es in Asia-Supermärkten zu kaufen gibt, sind oft teuer, und man kann nie wissen, ob sie nicht mit ungesundem Öl geröstet wurden. Wir verwenden kein zusätzliches Fett, was zu sehr knusprigen, sättigenden Nüssen führt.

ERGIBT CA. 500 G

450 g rohe Mandeln
60 ml Tamari
1 TL frischer Zitronensaft
¼ TL Cayennepfeffer
Salz und Pfeffer

1. Die Zutaten zurechtlegen, vorbereiten und abmessen. Den Backofen auf 180 °C vorheizen. Ein Backblech mit Backpapier auslegen.
2. Mandeln, Tamari, Zitronensaft und Cayennepfeffer in eine Schüssel geben und gut vermischen. Die Mandeln auf dem Backblech verteilen und 5–7 Minuten rösten. Den Ofen ausschalten und die Mandeln 15 Minuten im Ofen ruhen lassen.
3. Das Blech aus dem Ofen nehmen, sofort mit Salz und Pfeffer würzen und abkühlen lassen.
4. Die Mandeln zum Servieren in eine Schüssel füllen. Die Reste halten sich in einem luftdicht verschlossenen Behälter bei Zimmertemperatur bis zu 5 Tage. (Wenn sie nach einigen Tagen etwas weich sind, kann man sie wieder knusprig machen, indem man sie ca. 5 Minuten bei 180 °C im Ofen röstet.)

Walnuss-Powerkugeln

Diese Kugeln eignen sich bestens dafür, nach der Zubereitung sofort eingefroren zu werden. Gefroren sind sie kleine Dattel-Nuss-Bissen, die energiereich sind und viele Ballaststoffe und Protein enthalten. Sie schmecken auch leicht gekühlt sehr gut, obwohl sie dann nicht so fest sind. Der Verzehr einiger Powerkugeln ist eine gute Art, um das Fasten zu brechen. Weil sie nicht nur nahrhaft und lecker, sondern auch gut transportierbar sind, eignen sie sich hervorragend als Snack nach dem Work-out.

ERGIBT 24 KUGELN

225 g geröstete Walnüsse
350 g entsteinte Medjool-Datteln
100 g ungesüßte Kokosflocken
2 EL Kokosöl
1 TL reiner Vanilleextrakt
1 TL gem. Zimt
½ TL Salz

1. Die Zutaten zurechtlegen, vorbereiten und abmessen.
2. Alle Zutaten in einen Mixer geben und zu einer homogenen Masse verarbeiten. Mit den Händen 24 Kugeln formen und diese in einer Lage auf ein Backblech legen. Unbedeckt für 1 Stunde in den Gefrierschrank geben und fest werden lassen.
3. Die gefrorenen Kugeln in einen luftdichten Behälter füllen. Sie halten sich bis zu 1 Woche im Kühlschrank oder bis zu 4 Wochen im Gefrierschrank.

Saatencracker

Überraschung! Cracker müssen nicht aus der Packung kommen; man kann sie auch zu Hause zubereiten. Sie schmecken wesentlich besser (und sind zudem gesünder) als die meisten Fertigprodukte. Weil sie mehr Saat enthalten als Mehl, halten sie auch länger vor. Und außerdem fallen sie nicht auseinander, wenn man sie in einen Dip taucht.

ERGIBT EIN BACKBLECH

60 ml Kokosöl
70 g Kichererbsen- oder Mandelmehl
70 g Sonnenblumenkerne
80 g Leinsamen
35 g Sesam
Salz und Pfeffer

1. Die Zutaten zurechtlegen, vorbereiten und abmessen. Das Kokosöl in einem kleinen Topf bei niedriger Hitze erwärmen. Den Backofen auf 175 °C vorheizen. Ein Backblech leicht einfetten.
2. Mehl, Sonnenblumenkerne, Leinsamen und Sesam in eine Schüssel geben und gut vermischen. Das Kokosöl und 250 ml kochendes Wasser einrühren. Die Mischung mit den Händen möglichst dünn auf dem Backblech verteilen. Mit Salz und Pfeffer würzen und 30 Minuten backen. Den Ofen anschließend nicht ausschalten.
3. Das Backblech aus dem Ofen nehmen und schütteln oder eine Metallspachtel benutzen, um die Masse etwas zu lösen. Das Blech wieder in den Ofen schieben und die Masse weitere 15 Minuten backen. Den Ofen ausschalten, und das Backblech mit den Crackern noch etwa 1 Stunde im Backblech abkühlen lassen.
4. Die knusprigen Cracker vor dem Servieren in mundgerechte Stücke brechen. Bei Bedarf mit mehr Salz bestreuen.

BRÜHEN UND ANDERE GETRÄNKE

Fischbrühe

In der französischen Küche ist diese leichte Brühe als *fumet* bekannt. Sie zeichnet sich durch eine dezente Fischnote aus und sollte im Gegensatz zu einer Rinder- oder Hühnerbrühe niemals zu lange gekocht werden, weil sie sonst zu »fischig« und intensiv schmeckt.

ERGIBT 1–1,5 LITER

900 g Fischknochen und -köpfe (weiße Fischsorte)
2 EL Salz
1 kleine Zwiebel
½ Fenchelknolle
2 Selleriestangen
1 Lauch, nur der weiße Teil
2 Knoblauchzehen
1 EL leichtes natives Olivenöl extra
250 ml trockener Weißwein
2 Stängel frische glatte Petersilie
2 Stängel frischer Estragon
1 Lorbeerblatt
5 Pfefferkörner

1. Die Zutaten zurechtlegen, vorbereiten und abmessen. Die Fischknochen und -köpfe in eine große Schüssel geben, so viel Wasser hineinfüllen, dass sie bedeckt sind, Salz hinzufügen und 1 Stunde ziehen lassen. Die Knochen mit kaltem Wasser abspülen. Zwiebel, Fenchel und Sellerie würfeln. Lauch hacken. Den Knoblauch zerdrücken.

2. In einem Suppentopf das Olivenöl bei mittlerer Hitze erwärmen. Zwiebel, Fenchel, Sellerie und Lauch hineingeben und 6–8 Minuten unter Rühren sautieren; das Gemüse soll weich, aber nicht braun werden. Den Wein hinzufügen und 10 Minuten ohne Deckel köcheln lassen, bis die Flüssigkeit leicht reduziert ist. Die Fischknochen, -köpfe und kaltes Wasser hineinfüllen, bis die Zutaten etwa 2,5 cm mit Flüssigkeit bedeckt sind.

3. Die Brühe köcheln lassen und Petersilie, Estragon, Lorbeerblatt und Pfefferkörner hineingeben. Die Hitze auf niedrige Stufe schalten und ohne Deckel 20 Minuten leise köcheln lassen.

4. Die Brühe durch ein feines Sieb in einen sauberen Topf gießen und die festen Bestandteile entfernen. In eine Tasse füllen und sofort trinken oder in einen luftdicht verschließbaren Behälter geben; sie hält sich bis zu 2 Wochen im Kühlschrank oder bis zu 4 Wochen im Gefrierschrank.

Garnelenbrühe

Dieses Rezept ist eine gute Alternative zur Fischbrühe (Seite 184). Es ist oft einfacher, Garnelenschalen aufzutreiben als rohe Fischknochen und -köpfe. Wenn Sie Garnelen essen, geben Sie die Schalen einfach in einen Gefrierbeutel und bereiten die Brühe zu, sobald Sie eine ausreichende Menge gesammelt haben.

ERGIBT ETWA 2 LITER

3 Knoblauchzehen
3 Zweige frischer Thymian
2 EL Olivenöl
Schalen von 36–48 Garnelen (entspricht etwa 900 g Garnelen)
1 Lorbeerblatt
Salz und Pfeffer

1. Die Zutaten zurechtlegen, vorbereiten und abmessen. Den Knoblauch hacken. Die Thymianblätter von den Zweigen streifen.
2. In einem Suppentopf das Olivenöl bei mittlerer Hitze erwärmen. Den Knoblauch, Thymian und die Garnelenschalen hineingeben. Die Zutaten ca. 5 Minuten unter ständigem Rühren anbraten, bis sie anfangen zu duften; sie dürfen dabei aber nicht braun werden. Die Hitze gegebenenfalls herunterschalten.
3. So viel kaltes Wasser hineinfüllen, bis die Garnelenschalen etwa 2,5 cm mit Flüssigkeit bedeckt sind, und das Lorbeerblatt hinzufügen. Kurz aufkochen lassen, die Temperatur sofort auf niedrige Stufe schalten und die Brühe bei schwacher Hitze 30 Minuten köcheln lassen. Den Schaum abschöpfen, der sich eventuell auf der Oberfläche bildet.
4. Die Brühe durch ein feines Sieb in einen sauberen Topf gießen und die festen Bestandteile entfernen. Die Garnelenbrühe wieder in den Suppentopf füllen und mit Salz und Pfeffer würzen. Die Geschmacksprobe machen: Wenn die Brühe zu schwach schmeckt, weiterköcheln lassen, bis die erwünschte Geschmacksintensität erreicht ist. In eine Tasse füllen und langsam trinken.

Klassische Hühnerbrühe

Diese Brühe ist eine Interpretation der allseits bekannten Hühnersuppe: reichhaltig, schmackhaft und nährend, wenn Sie einmal krank sein sollten. Sie bildet die perfekte Grundlage für eine Suppe und schmeckt nicht nur gut – sie dämpft auch den Hunger, wenn man fastet. Als leckere Abwechslung können Sie anstelle der frischen Kräuter drei Sternanise verwenden und vor dem Servieren einen Esslöffel Tamari dazugeben.

ERGIBT ETWA 3 LITER

1 Zwiebel
2 Karotten
2 Selleriestangen
2 Knoblauchzehen
2,5 kg rohe Hühnerknochen, Flügel, Füße, Hälse
2 Lorbeerblätter
4 Zweige frischer Thymian
1 kleiner Bund glatte Petersilie
Salz und Pfeffer

1. Die Zutaten zurechtlegen, vorbereiten und abmessen. Die Zwiebel, Karotten und Sellerie hacken. Den Knoblauch zerdrücken. Den Backofen auf 230 °C vorheizen.
2. Die Knochen in einen großen Bräter geben und 45 Minuten im Ofen rösten. In einen großen Suppentopf füllen. Wasser in den Bräter füllen und den Bratensatz mit einem Holzlöffel vom Boden lösen. Die Flüssigkeit über die Knochen in den Suppentopf gießen.
3. Zwiebel, Karotten, Sellerie, Knoblauch, Lorbeerblätter, Thymian und Petersilie hinzufügen und großzügig mit Salz und Pfeffer würzen. So viel kaltes Wasser hineinfüllen, bis die Zutaten etwa 2,5 cm mit Flüssigkeit bedeckt sind. Kurz aufkochen lassen, die Temperatur sofort auf niedrige Stufe schalten und die Brühe bei schwacher Hitze ohne Deckel 2 Stunden köcheln lassen. Den Schaum abschöpfen, der sich eventuell auf der Oberfläche bildet.
4. Die Knochen entsorgen, die Brühe durch ein feines Sieb in einen sauberen Topf gießen und die festen Bestandteile entfernen. Die Hühnerbrühe wieder in den Suppentopf füllen und bei Bedarf noch einmal mit Salz und Pfeffer abschmecken. In eine Tasse füllen und sofort trinken oder in einen luftdicht verschließbaren Behälter geben; sie hält sich bis zu 2 Wochen im Kühlschrank oder bis zu 4 Wochen im Gefrierschrank

Pho-Brühe und -Suppe

Pho-Bo ist eine vietnamesische Rindersuppe, die ihr intensives Aroma den frischen Kräutern, Bohnensprossen, Frühlingszwiebeln und Chilischoten verdankt, die unmittelbar vor dem Servieren in die heiße Brühe gegeben werden. Die Brühe ist pikant und nahrhaft, wodurch sie sich hervorragend für Fastenphasen eignet, aber Sie können sie jederzeit verfeinern und mit schmackhaften Einlagen aufpeppen, um eine leichte, leckere Suppe zu erhalten, die sich hervorragend als eigenständige Mahlzeit eignet.

ERGIBT ETWA 2–2,5 LITER

BRÜHE

1 Zwiebel
2,5 cm frischer Ingwer
1,8 kg Rinderknochen, Bein und Rippen
2 Sternanise
3 EL Fischsoße
Salz und Pfeffer

SUPPE

680 g Sirloin-Steak, roh, dünn aufgeschnitten
6 Stängel Koriandergrün
2 Frühlingszwiebeln
500 ml Mungobohnensprossen
1 Bund Thai-Basilikum

1. Die Zutaten zurechtlegen, vorbereiten und abmessen. Die Zwiebel vierteln. Den Ingwer schälen und in dünne Scheiben schneiden. Den Backofen auf 220 °C vorheizen.
2. Die Knochen auf ein mit Backpapier ausgelegtes Backblech legen, die Zwiebelstücke dazwischen legen und ca. 1 Stunde unbedeckt rösten, bis die Zwiebel gut gebräunt ist.
3. Die Knochen und die Zwiebel in einen großen Suppentopf geben. Den Ingwer, die Sternanise und Fischsoße hinzufügen, großzügig mit Salz und Pfeffer würzen und so viel kaltes Wasser hineinfüllen, bis die Zutaten ca. 5 cm mit Flüssigkeit bedeckt sind. Kurz aufkochen lassen, die Temperatur sofort auf niedrige Stufe schalten und die Brühe bei schwacher Hitze ohne Deckel 6 Stunden köcheln lassen. Den Schaum abschöpfen, der sich eventuell auf der Oberfläche bildet
4. Die Knochen entsorgen, die Brühe durch ein feines Sieb in einen sauberen Topf gießen und die festen Bestandteile entfernen. Die Brühe wieder in den Suppentopf füllen und bei Bedarf noch einmal mit Salz und Pfeffer abschmecken.
5. Wenn die Brühe eine vollständige Mahlzeit werden soll, Steakscheiben, Koriandergrün und Mungobohnensprossen gleichmäßig auf 4 Suppenteller verteilen. Die heiße Brühe mit einer Suppenkelle über das Fleisch gießen und die Suppe mit einigen Blättern Thai-Basilikum garnieren.

Rinder- oder Hühnerbrühe, im Schnellkochtopf zubereitet

Alle jene unter Ihnen, die eine innige Beziehung zu ihrem Schnellkochtopf pflegen, werden sich über diese Variante der Knochenbrühe freuen – entweder mit Rinder- oder Hühnerknochen –, die blitzschnell fertig ist und den langsamer zubereiteten Versionen geschmacklich in nichts nachsteht.

ERGIBT ETWA 2,5–3 LITER

1 Zwiebel
2 Karotten
2 Selleriestangen
3 Knoblauchzehen
900 g rohe Rinderknochen oder rohe Hühnerflügel, Füße und Schenkel
1 EL Apfelessig
1 Lorbeerblatt
Salz und Pfeffer

1. Die Zutaten zurechtlegen, vorbereiten und abmessen. Die Zwiebeln, Karotten und Sellerie hacken. Den Knoblauch zerdrücken.

2. Zwiebeln, Karotten, Knoblauch, Knochen, Essig und Lorbeerblatt in einen Schnellkochtopf geben und so viel kaltes Wasser hineinfüllen, bis die Zutaten etwa 2,5 cm mit Flüssigkeit bedeckt sind. Den Topf verschließen und die Brühe 3 Stunden (Rind) oder 90 Minuten (Huhn) kochen.

3. Die Knochen entsorgen, die Brühe durch ein feines Sieb in einen sauberen Topf gießen und die festen Bestandteile entfernen. Die Brühe wieder in den Suppentopf füllen und bei Bedarf noch einmal mit Salz und Pfeffer abschmecken. In eine Tasse füllen und sofort trinken oder in einen luftdicht verschließbaren Behälter geben; sie hält sich bis zu 2 Wochen im Kühlschrank oder bis zu 4 Wochen im Gefrierschrank.

Rinder- und Hühnerknochenbrühe

Sie können jede beliebige Kombination aus Rinder- und Hühnerknochen verwenden, um diese Brühe zuzubereiten; wichtig ist nur, dass sie insgesamt 2,7 kg wiegen.

ERGIBT ETWA 3 LITER

2 Zwiebeln
3 Karotten
3 Selleriestangen
6 Knoblauchzehen
1,8 kg Hühnerknochen, Flügel, Hälse, Rücken
900 g Rinderknochen, Schenkel oder Rippen
1 Bund glatte Petersilie
1 Bund Thymian
2 Lorbeerblätter
Salz und Pfeffer

1. Die Zutaten zurechtlegen, vorbereiten und abmessen. Die Zwiebeln, Karotten und Sellerie hacken. Den Knoblauch zerdrücken.

2. Die Knochen in einen großen Suppentopf geben und großzügig mit Salz und Pfeffer würzen. So viel kaltes Wasser hineinfüllen, bis die Knochen etwa 5 cm mit Flüssigkeit bedeckt sind. Kurz aufkochen lassen, die Temperatur sofort auf niedrige Stufe schalten und die Brühe bei schwacher Hitze ohne Deckel 1 Stunde köcheln lassen. Den Schaum abschöpfen, der sich eventuell auf der Oberfläche bildet.

3. Zwiebeln, Karotten, Sellerie, Petersilie, Thymian und Lorbeerblätter hinzufügen. Die Brühe bei schwacher Hitze ohne Deckel 6 Stunden köcheln lassen; in dieser Zeit immer wieder den Schaum abschöpfen, der sich eventuell auf der Oberfläche bildet. Die Knochen entsorgen, die Brühe durch ein feines Sieb in einen sauberen Topf gießen und die festen Bestandteile entfernen.

4. Die Brühe wieder in den Suppentopf füllen und bei Bedarf noch einmal mit Salz und Pfeffer abschmecken. In eine Tasse füllen und sofort trinken oder in einen luftdicht verschließbaren Behälter geben; sie hält sich bis zu 2 Wochen im Kühlschrank oder bis zu 4 Wochen im Gefrierschrank.

Rinderknochenbrühe

Es ist nicht immer einfach, Rinderknochen im Supermarkt zu finden. Erkundigen Sie sich daher an der Fleischtheke; dort gibt es oft eingefrorene und zerlegte Knochen, die direkt vor Ort für Sie zugeschnitten werden. Lassen Sie sich von der langen Zubereitungsdauer nicht abschrecken. Sie können die Suppe gemächlich vor sich hin köcheln lassen, während Sie zu Hause anderen Dingen nachgehen. Das leckere Ergebnis ist auf jeden Fall die Mühe wert!

ERGIBT ETWA 2 LITER

2 Zwiebeln
2 Karotten
2 Selleriestangen
4 Knoblauchzehen
1½ kg Rinderknochen
2 EL Apfelessig
2 Lorbeerblätter
Salz und Pfeffer

1. Die Zutaten zurechtlegen, vorbereiten und abmessen. Die Zwiebeln, Karotten und Sellerie hacken. Den Knoblauch zerdrücken.

2. Zwiebeln, Karotten, Sellerie, Knoblauch und Rinderknochen in einen großen Suppentopf geben und großzügig mit Salz und Pfeffer würzen. So viel kaltes Wasser hineinfüllen, bis die Knochen etwa 2,5 cm mit Flüssigkeit bedeckt sind. Kurz aufkochen lassen, die Temperatur sofort auf niedrige Stufe schalten und die Brühe bei schwacher Hitze ohne Deckel mindestens 10 Stunden köcheln lassen. Falls nötig, mehr Wasser nachgießen, damit die Knochen stets bedeckt bleiben. Den Schaum abschöpfen, der sich eventuell auf der Oberfläche bildet.

3. Die Knochen entsorgen, die Brühe durch ein feines Sieb in einen sauberen Topf gießen und die festen Bestandteile entfernen. Die Brühe wieder in den Suppentopf füllen und bei Bedarf noch einmal mit Salz und Pfeffer abschmecken. In eine Tasse füllen und sofort trinken oder in einen luftdicht verschließbaren Behälter geben; sie hält sich bis zu 2 Wochen im Kühlschrank oder bis zu 4 Wochen im Gefrierschrank.

Tees

Tee wird aus der Pflanze *Camellia sinensis* hergestellt und umfasst schwarzen, grünen, weißen und Oolong-Tee, die sich hinsichtlich ihrer Verarbeitung, Fermentierung und Oxidierung unterscheiden. Tee entsteht, wenn man Pflanzenblätter, -stängel und -blüten in Wasser ziehen lässt. Er enthält Antioxidantien, die dazu beitragen können, beschädigtes Körpergewebe zu reparieren. Grüner Tee enthält darüber hinaus auch Katechine, denen eine appetitzügelnde Eigenschaft nachgesagt wird.

Alle Tees und Kräutertees können heiß oder kalt getrunken werden. Je nachdem, wie lange man die Blätter ziehen lässt und wie empfindlich man auf Koffein reagiert, kann Tee eine anregende oder beruhigende Wirkung haben.

Dies sind die optimalen Wassertemperaturen und Ziehzeiten für die nachfolgend vorgestellten Tees (sie gelten für lose Teeblätter wie auch für Teebeutel):

Teesorte	Optimale Wassertemperatur	Ziehzeit
Grün	80 °C	3–5 Minuten
Oolong	90 °C	6 Minuten
Schwarz	96 °C	3–5 Minuten
Weiß	85 °C	8 Minuten

Mit spritzigem Mineralwasser gemischt, sind Tees eine gute Alternative zu den üblichen zuckerhaltigen Erfrischungsgetränken.

Kräutertees

Wenn Sie auf Koffein oder chemisch verarbeiteten, entkoffeinierten Kaffee oder Tee verzichten wollen, sollten Sie Kräutertees probieren. Das Getränk, das entsteht, wenn man Pflanzenblätter, -blüten und -samen in heißem Wasser ziehen lässt, kann entweder heiß oder kalt genossen werden. Obwohl sie oft als »Kräutertees« bezeichnet werden, ist eine korrektere Bezeichnung »teeähnliche Aufgussgetränke«.

Es gibt Tausende von Kräutertees, die sowohl lose als auch in Beuteln im Handel erhältlich sind. Weil Kräutertees normalerweise sehr bekömmlich sind, hin und wieder aber doch eine medizinische Wirkung haben, sollten Sie vor dem Kauf prüfen, ob die von Ihnen gewählte Sorte in dieser Hinsicht unbedenklich ist. Bevor Sie einen Kräutertee trinken, sollten Sie wissen, welche Wirkungen er haben kann.

Beruhigender Kräutertee

8 frische Minzblätter

In einem kleinen Topf 250 ml Wasser zum Kochen bringen. Die Herdplatte ausschalten, die Minzblätter in den Topf geben und 5 Minuten ziehen lassen. Den Kräutertee in eine Tasse geben und langsam in kleinen Schlucken trinken.

Verdauungstee

30 g frischer Ingwer

Den Ingwer in dünne Scheiben schneiden. In einem kleinen Topf 250 ml Wasser zum Kochen bringen. Die Herdplatte ausschalten, die Ingwerscheiben in den Topf geben und 15 Minuten ziehen lassen.

Mandel-Horchata

Dieses erfrischende Getränk stammt ursprünglich aus Spanien und ist auch in Mexiko und Südamerika weit verbreitet. Varianten davon sind in den meisten Länderküchen vertreten, in denen mit aromatischen Gewürzen nicht gegeizt wird. Seine kühlende Wirkung gleicht scharfe Speisen aus, aber sie ist ein wunderbares Getränk, das sich eigentlich immer eignet, wenn man einen Energieschub braucht.

ERGIBT 4 PORTIONEN

1 l ungesüßte Mandelmilch
4 Zimtstangen
½ TL natürlicher Vanilleextrakt oder 1 Vanilleschote
1 TL Ahornsirup
gem. Zimt zum Garnieren

1. Die Zutaten zurechtlegen und abmessen.
2. In einem Topf die Mandelmilch, Zimtstangen, Vanilleschote (falls verwendet) und den Ahornsirup verrühren und bei mittlerer bis niedriger Hitze erwärmen, bis die Milch dampft. Die Hitze auf niedrige Stufe schalten und die Horchata weitere 10 Minuten ziehen lassen, damit sich die verschiedenen Aromen vermischen. Den Topf von der Herdplatte nehmen und die Vanilleschote und Zimtstangen entfernen. Wenn keine Vanilleschote, sondern Vanilleextrakt verwendet wird, wird diese jetzt hinzugegeben.
3. Für eine heiße Horchata die Milch in 4 kleine Tassen füllen und mit ein wenig Zimt bestreuen.
4. Für eine kalte Horchata die Milch zunächst auf Zimmertemperatur abkühlen, bevor sie in einen luftdicht verschließbaren Behälter gegeben und über Nacht in den Kühlschrank gestellt wird. Die Milch in 4 Gläser füllen und mit ein wenig Zimt bestreuen.

Kurkuma-Latte

Dieser Latte ist ein wunderbar wärmendes Getränk, das Ihnen ganz ohne Koffein neue Kräfte verleiht, wenn Sie müde sind. Man sagt Kurkuma entzündungshemmende Eigenschaften nach, die unter anderem bei Verdauungsproblemen helfen können. Sie werden am Anfang vielleicht mit der Menge an Kurkumapulver experimentieren müssen, um die richtige Dosis zu finden, die Ihnen schmeckt. Die hier aufgeführte Menge ist ein guter Startpunkt.

ERGIBT 4 PORTIONEN

375 ml ungesüßte Kokosmilch
375 ml ungesüßte Mandelmilch
1 ½ TL gem. Kurkuma
¼ TL gem. Zimt
¼ TL gem. Ingwer
schwarzer Pfeffer aus der Mühle
gem. Kardamom
½ TL natürlicher Vanilleextrakt

1. Die Zutaten zurechtlegen und abmessen.
2. Die beiden Milchsorten und alle Gewürze in einen kleinen Topf geben und bei mittlerer bis niedriger Hitze erwärmen. Alle Zutaten mit einem Schneebesen schaumig schlagen, damit sich keine Klümpchen bilden. So lange erhitzen, bis Dampf aufsteigt.
3. Den Latte in 4 Tassen füllen und bei Bedarf mit ein wenig Zimt bestreuen.

ANHANG
FASTEN-PLÄNE

Mahlzeitenplan für eine Fastendauer von 16 Stunden

Tageszeit	Tag 1	Tag 2	Tag 3	Tag 4	Tag 5	Tag 6	Tag 7
Morgen	**FASTENTAG** Kurkuma-Latte (Seite 194)	Kokospfannkuchen (mit Beerenobst und Schlagsahne) (Seite 56)	**FASTENTAG** Grüner Tee	Spiegeleier mit pikantem Spinat und Quinoa (Seite 65)	**FASTENTAG** Kurkuma-Latte (Seite 194)	Pochierte Eier auf Spinat mit Prosciutto (Seite 59)	**FASTENTAG** Tee oder Kaffee
Mittag	Salat aus Huhn, Avocado und Gruyère (Seite 78)	Salat aus Burrata, Spargel und Radieschen mit Limetten-Vinaigrette (Seite 76)	Einfaches Omelett (Seite 55)	Nizza-Salat (Seite 70)	Auberginenhummus mit Rohkost-Sticks (Seite 166)	Zwiebelsuppe mit Käsehaube (Seite 105) Salat aus Rucola, Feigen und Walnüssen mit Speck-Vinaigrette (Seite 81)	Thai-Gemüsecurry (Seite 103)
Abend	Cottage Pie mit Käse-Kartoffelpüree (Seite 146) Gegrillter Brokkoli mit Chili-Knoblauch-Öl (Seite 92)	Hühnerkeulen mit Salzzitrone (Seite 110) Gebackene Kirschtomaten mit Basilikumstreifen (Seite 91)	Jakobsmuscheln mit Prosciutto (Seite 135) Stängelkohl mit Chili und Knoblauch (Seite 102)	Putenchili (Seite 118)	Lammcurry mit Blumenkohlreis (Seite 150) Saag Paneer (Seite 100)	Kabeljau mit Mango-Avocado-Salat (Seite 138)	Schweinebauch mit Sternanis (Seite 154) Asiatisches Blattgemüse mit Sesamöl und Miso (Seite 88)
Nacht	Grüner Tee	**FASTENTAG** Pfefferminztee (Seite 192)	Kräutertee	**FASTENTAG** Grüner Tee	Pfefferminztee (Seite 192)	**FASTENTAG** Kräutertee	**FASTENTAG** Grüner Tee

Mahlzeitenplan für eine Fastendauer von 24 Stunden

Tageszeit	Tag 1	Tag 2	Tag 3	Tag 4	Tag 5	Tag 6	Tag 7
Morgen	**FASTENTAG** Kurkuma-Latte (Seite 194)	Beerenobst mit gerösteten Nüssen und Sahne (Seite 54)	**FASTENTAG** Tee oder Kaffee	Chia-Parfait (Seite 53)	**FASTENTAG** Kurkuma-Latte (Seite 194)	Pochierte Eier auf Spinat mit Prosciutto (Seite 59)	**FASTENTAG** Tee oder Kaffee
Mittag	**FASTENTAG** Rinder- und Hühnerknochenbrühe (Seite 189)	Salat aus Burrata, Spargel und Radieschen mit Limetten-Vinaigrette (Seite 76)	**FASTENTAG** Rinder- und Hühnerknochenbrühe (Seite 189)	Nizza-Salat (Seite 70)	**FASTENTAG** Rinder- und Hühnerknochenbrühe (Seite 189)	Zwiebelsuppe mit Käsehaube (Seite 105) Salat aus Rucola, Feigen und Walnüssen mit Speck-Vinaigrette (Seite 81)	**FASTENTAG** Rinder- und Hühnerknochenbrühe (Seite 189)
Abend	Cottage Pie mit Käse-Kartoffelpüree (Seite 146) Gegrillter Brokkoli mit Chili-Knoblauch-Öl (Seite 92)	Hühnerkeulen mit Salzzitrone (Seite 110) Gebackene Kirschtomaten mit Basilikumstreifen (Seite 91)	Jakobsmuscheln mit Prosciutto (Seite 135) Stängelkohl mit Chili und Knoblauch (Seite 102)	Putenchili (Seite 118)	Lammcurry mit Blumenkohlreis (Seite 150) Saag Paneer (Seite 100)	Kabeljau mit Mango-Avocado-Salat (Seite 138)	Schweinebauch mit Sternanis (Seite 154) Asiatisches Blattgemüse mit Sesamöl und Miso (Seite 88)
Nacht	Grüner Tee	**FASTENTAG** Pfefferminztee (Seite 192)	Kräutertee	**FASTENTAG** Grüner Tee	Pfefferminztee (Seite 192)	**FASTENTAG** Kräutertee	**FASTENTAG** Grüner Tee

Mahlzeitenplan für eine Fastendauer von 36 Stunden

Tageszeit	Tag 1	Tag 2	Tag 3	Tag 4	Tag 5	Tag 6	Tag 7
Morgen	**FASTENTAG** Kurkuma-Latte (Seite 194)	Beerenobst mit gerösteten Nüssen und Sahne (Seite 54)	**FASTENTAG** Tee oder Kaffee	Chia-Parfait (Seite 53)	**FASTENTAG** Kurkuma-Latte (Seite 194)	Pochierte Eier auf Spinat mit Prosciutto (Seite 59)	**FASTENTAG** Tee oder Kaffee
Mittag	**FASTENTAG** Rinder- und Hühnerknochenbrühe (Seite 189)	Salat aus Burrata, Spargel und Radieschen mit Limetten-Vinaigrette (Seite 76)	**FASTENTAG** Rinder- und Hühnerknochenbrühe (Seite 189)	Nizza-Salat (Seite 70)	**FASTENTAG** Rinder- und Hühnerknochenbrühe (Seite 189)	Zwiebelsuppe mit Käsehaube (Seite 105) Salat aus Rucola, Feigen und Walnüssen mit Speck-Vinaigrette (Seite 81)	**FASTENTAG** Rinder- und Hühnerknochenbrühe (Seite 189)
Abend	**FASTENTAG** Pho-Brühe (Seite 187)	Hühnerkeulen mit Salzzitrone (Seite 110) Gebackene Kirschtomaten mit Basilikumstreifen (Seite 91)	**FASTENTAG** Klassische Hühnerbrühe (Seite 186)	Putenchili (Seite 118)	**FASTENTAG** Pho-Brühe (Seite 187)	Chili-Knoblauch-Garnelen mit Cannellini-Bohnen (Seite 124)	**FASTENTAG** Garnelenbrühe (Seite 185)
Nacht	**FASTENTAG** Grüner Tee	**FASTENTAG** Pfefferminztee (Seite 192)	**FASTENTAG** Kräutertee	**FASTENTAG** Grüner Tee	**FASTENTAG** Pfefferminztee (Seite 192)	**FASTENTAG** Kräutertee	**FASTENTAG** Grüner Tee

Danksagung

Mein besonderer Dank gilt den folgenden Köchen, die die in diesem Buch enthaltenen Rezepte entwickelt, getestet und verfeinert haben. Carey Broen, Julia Chanter, Moira French, Goody Gibson, Christopher Jackson, Charlie Johnston, David Johnston, Hannah Johnston, Alex Mackenzie, Sandra Maclean, Diane Morch, John Morch, Christine Platt und Russ Seton.

Register

S

T

U

V

W

Z

300 Seiten
19,99 € (D) | 20,60 € (A)
ISBN 978-3-7423-0649-4

Jason Fung

Diabetes rückgängig machen

Das Ernährungsprogramm, um Diabetes Typ 2 natürlich zu heilen

Wer die Diagnose Diabetes Typ 2 erhält, macht sich natürlich Sorgen und wendet sich erst mal an seinen Arzt. Aber die meisten Ärzte, Ernährungsberater und Diabetesexperten halten Typ-2-Diabetes nach wie vor für eine chronische und fortschreitende Krankheit, die man lebenslang mit Medikamenten behandeln muss. Das ist heutzutage nicht mehr nötig!

In diesem bahnbrechenden Buch offenbart der Bestsellerautor und Diabetesexperte Dr. Jason Fung seine neusten wissenschaftlichen Erkenntnisse und kommt zu dem Schluss, dass Diabetes heilbar ist. Während konventionelle Behandlungen mit Insulin oder anderen blutzuckersenkenden Medikamenten das Problem noch verschlimmern, da sie zu einer erheblichen Gewichtszunahme und sogar zu Herzerkrankungen führen können, bietet Fungs Ansatz eine einfache Lösung: Sein Programm aus kohlenhydratarmer Ernährung, intermittierendem Fasten und ausreichend Bewegung bringt den Blutzuckerspiegel wieder ins Gleichgewicht, reguliert die Insulinproduktion und macht Typ-2-Diabetes vollständig rückgängig.

riva